JN162495

新版 社会福祉

林 邦雄・谷田貝公昭［監修］
山﨑順子・和田上貴昭［編著］

監修者のことば

周知のとおり、幼児期の保育の場は、わが国では幼稚園と保育所に二分されている。幼稚園は文部科学省の管轄の下にある教育の場であるのに対し、保育所は教育を主体とする場ではなく、福祉の側面を備えた厚生労働省の下に位置づけられている。しかしながら、保育所は遊びを通じて情操を育むなど、教育的な側面をも包含していることは言うまでもない。

このような事情から、従前より、幼稚園と保育所のいわゆる「幼・保一元化」が求められてきた。この動きは、社会環境の変貌とともにしだいに活発となり、保育に欠ける幼児も欠けない幼児も共に入園できる「認定こども園」制度として実現した。すなわち、平成18（2006）年に成立した「就学前の子どもに関する教育・保育等の総合的な提供の推進に関する法律」（「認定こども園設置法」）がそれである。

今後、「総合こども園」（仮称）などの構想もあるが、こうした中で保育者は保育士資格と幼稚園免許の２つを取得するという選択肢が広がる可能性が高まっている。その理由は、総合こども園は、幼稚園機能、保育所機能、子育て支援機能（相談などが提供できる）を併せ持った施設で、既存の幼稚園と保育所を基本としているからである。

監修者は長年、保育者養成に関わってきたものであるが、「保育学」「教育学」は、ある意味において「保育者論」「教師論」であると言えるであろう。それは、保育・教育を論ずるとき、どうしても保育・教育を行う人、すなわち保育者・教師を論じないわけにはいかないからである。よって、「保育も教育も人なり」の観を深くかつ強くしている。換言すれば、幼児保育の成否は、保育者の優れた資質能力に負うところが大きいということである。特に、幼児に接する保育者は幼児の心の分かる存在でなければならない。

この保育者養成シリーズは、幼児の心の分かる人材（保育者）の育成を強く願って企画されたものである。コミュニケーションのままならぬ幼児に接する保育者は、彼らの心の深層を読み取れる鋭敏さが必要である。本シリーズが、そのことの実現に向かって少しでも貢献できれば幸いである。多くの保育者養成校でテキストとして、保育現場の諸氏にとっては研修と教養の一助として使用されることを願っている。

本シリーズの執筆者は多方面にわたっているが、それぞれ研究専門領域の立場から最新の研究資料を駆使して執筆している。複数の共同執筆によるため論旨や文体の調整に不都合があることは否めない。多くの方々からのご批判ご叱正を期待している。

最後に、監修者の意図を快くくんで、本シリーズ刊行に全面的に協力していただいた一藝社・菊池公男社長に深く感謝する次第である。

平成24年７月吉日

監修者　林　　邦雄
谷田貝公昭

まえがき

保育サービスおよび保育施策は、福祉サービスおよび社会福祉施策の一領域である。そのことは、保育士資格や保育所の諸規定は児童福祉法を根拠法としており、児童福祉が社会福祉の一領域であることからも理解できるだろう。

しかしながら、平成27（2015）年４月にスタートした子ども・子育て支援新制度以降、保育所や認定こども園、小規模保育等の地域型保育における保育士の専門性について議論になるものの、保育士の社会福祉的な役割とその専門性についての議論がほとんど登場しないことは残念である。社会福祉は、人々の生活上のさまざまな困難をその支援対象としている。子育てや介護、障害や高齢による生活のしづらさ、経済的課題、権利侵害など、誰でも生きていく中で体験しうるものばかりである。これらの事柄は、子育て家庭の困難さを生じさせる要因となっている場合もある。つまり、保育サービスを提供していく際に、家庭内の課題に対する配慮が必要となるのである。例えば、保育所を利用している子どもの家庭で発生している介護負担や子どもの障害、経済的課題、暴力などは、子どもの発育や行動に少なからず影響を与える。

本書ではあらためて、保育士の資格取得を目指す学生たちに社会福祉の役割について、そして、保育士が果たすべき社会福祉的機能について学んでいただきたいと考えている。本書は、保育士が知っているべき社会福祉施策、社会福祉の歴史、援助活動、援助技術について、厚生労働省の保育士養成課程に準拠し、多様な側面から記述されている。

保育士を目指している学生の皆さんには、保育を取り巻く社会福祉の状況について学んでいただきたい。

なお、本書は社会福祉のさまざまな側面について記述しているが、各章の記述内容は重複する場合もある。人々の生活上の課題はそれぞれが関連し合って発生するし、その支援における方法や理念、歴史的経緯などについては、記述の重複は避けられない。ただし、それぞれの章でその扱い方は異なるので、その点について理解を深めていただけたら幸いである。

また、保育士養成課程の科目には、社会福祉に特に関連の深いものとして「相談援助」や「児童家庭福祉」がある。「相談援助」は、社会福祉サービスにおいて用いられる援助技術であるソーシャルワークの専門性について学ぶ科目である。本書では第８章で簡潔に説明している。また、「児童家庭福祉」は社会福祉の一領域であり、子どもと子育て家庭の課題と支援方法を学ぶ科目である。本書では第13章で説明している。紙面の都合からそれらの内容のエッセンスしか載せることができなかったが、それぞれの科目であらためて学ぶことにより、さらに社会福祉の理解が深まると考えている。

平成29年２月

編著者　山﨑　順子
和田上貴昭

社会福祉●もくじ

第1章

現代社会における社会福祉

山崎　順子

第1節 社会福祉の概念と理念

1．社会福祉の意味

「社会福祉」という言葉は、どのように使われているだろうか。恐らく共通の理解ができているというより、使う人によってその意味合いは違ってきている。「福祉」とは「幸福」の意味合いを持ち、「幸福」の内容は、個人によって異なり実現も個人に委ねられるものである。

社会福祉の「福祉」は、英語では“Welfare”である。“well”と“fare”の合成語で、“well”は「十分に」とか「満足に」を表し、“fare”は「状態」「運命」「飲食物」「暮らす」を意味し、全体として「よく生きる」「よく存在する」「満足した状態」を表す言葉である。今日、福祉は、「理想的な状態」「よりよく存在する」を目指すというより積極的な意味で“Well being”が用いられてきており、「福祉」は「人間の幸福」と理解できそうである。

今日、社会福祉の意味は、概略的には個人が社会生活を営むうえで生じる生活上の困難・障害を解決・緩和するための政策的・集団的・個人的な援助の諸活動の総体と捉えられている［秋元ほか、2003］。いずれにせよ、個人のレベルでは限界があり、社会的に国や地方公共団体の福祉制度の中で支えるのが社会福祉であり、全ての人々が人生の諸段階を通じ幸せな生活を送ることができるようにする社会的な方策と言える。

2．社会福祉の概念

わが国において、社会福祉という言葉自体は戦前より使用されてきたが、公的な使用は、1946年制定の日本国憲法第25条で「①すべて国民は、健康で文化的な最低限度の生活を営む権利を有する。②国は、すべての生活部面について、社会福祉、社会保障及び公衆衛生の向上及び増進に努めなければならない」と規定されて以降のことである。ここでは、社会福祉について国はその確保に責任を持たなければならないとしているが、意味・内容についての具体的な記述はされていない。

1950年に社会保障制度審議会が、今後の社会保障制度をどう進めていくかを審議し、「社会保障制度に関する勧告」を公表した。そこでは、社会保障制度は、社会保険、国家扶助、公衆衛生、社会福祉から成り立ち、その向上を図ることで国民が文化的な生活を営むことができるようにすると明記され、社会福祉については、「国家扶助の適用をうけている者、身体障害者、児童、その他援護育成を要する者が、自立してその能力を発揮できるよう、必要な生活指導、更生補導、その他の援護育成を行うことをいうのである」と規定している。この規定では、社会保障は、社会保険・生活保護・公衆衛生（医療を含む）・社会福祉の4部門の上位概念として位置づけられている。この社会保障制度審議会が戦後いちはやく規定した社会保障の枠組みが、その後のわが国の社会保障制度の基礎となっている。

社会福祉の内容は、社会福祉法第2条に、社会福祉事業として明記されている。さらに第3条で、福祉サービスを提供する際の基本的な理念について「福祉サービスは、個人の尊厳の保持を旨とし、その内容は、福祉サービスの利用者が心身ともに健やかに育成され、又はその有する能力に応じ自立した日常生活を営むことができるように支援するものとして、良質かつ適切なものでなければならない」と明記されている。

法的には以上のように規定されてはいるが、社会福祉という言葉は、使用目的や視点の相違、国や時代によって多義的に用いられ、一義的に定義はできない［秋元ほか、2003］という側面を持ち合わせている。一般的には、以下の2つの意味で整理されている。1つは、「幸せな状態をつくること」「人間らしい生活をつくること」で、社会全体の望ましいあり方を意味する。2つは、全ての人々の人生の諸段階を通じ、幸せな生活を送ることができるようにするなんらかの手段・施策・方法を含む捉え方である。前者は社会福祉の理念・目標概念、後者は実体概念と呼ばれている。このように社会福祉という言葉は、2つの側面より概念規定されている。

3．社会福祉の理念

社会福祉の最も重要な基本的な理念として、基本的人権の尊重がある。人権とは、人間の生存が保障され、よりよい生活と幸福を追求する権利を有し、人は人間として尊重されなければないというものである。国連の世界人権宣言では「生まれながらにして自由」「尊厳と権利とについて平等」とあり、わが国においては日本国憲法第25条第1項で、「全ての国民の生存権」の保障と社会福祉、社会保障、公衆衛生の向上と増進によって、人権を保障するという国家責任を明確にしている。

第2に、社会福祉の重要な理念として「ノーマライゼーション思想」がある。この思想は、1950年代初頭、北欧の知的障害者の親の活動に端を発している。障害者の人権は他の市民と同じであり、一般の地域住民と同様な「普通の生活」ができ、支え合って共に生きることができるような社会こそがノーマルな社会であるとする哲学である。ノーマライゼーションの思想は、障害者の「完全参加と平等」をテーマとした国際障害者年（1981年）の行動計画を通して全世界に広がっていった。今日、わが国ではこの思想は、全ての国民が相互に人格と個性を尊重し合いながら共に生きる社会を目指すという障害者福祉を超えた社会福祉全体の理念となっている。

4．社会福祉の実践

(1) 人間の生活を支援するソーシャルワーク

私たちが日々暮らしていく中でさまざまな問題に直面したとき、まずは自分で最大限努力し、難しいことが分かると、家族や身内に助けを求める。それでもなお難しいことが分かると公的な福祉サービス等の社会的な援助を求める。社会福祉の実践は、誰でも起こりえる社会生活上の困難・問題を抱える人々に関わり、必要な社会資源（公的な制度やサービス、民間の社会資源等）の利用に結びつけたり、家族や集団、地域などの個人を取り巻く環境に働きかけながら、その人が自ら乗り越え対処し、自立した社会生活を送っていけるよう支援する援助活動である。この援助活動で専門職として働く人たちが用いる援助技術の体系のことをソーシャルワークという。

(2) ソーシャルワークの特徴

ソーシャルワークは、社会福祉実践を支える価値・知識・技術の３つの要素から構成され、特に「価値」を含んでいる点に特徴があり、この「価値」が、ソーシャルワーカーのよりどころとなるものである。価値には、人の尊厳を尊重し存在自体に価値を置くこと、人の可能性を信じ人の主体性を最大限尊重し、社会における相互援助を重視することなどがある。

ソーシャルワークは、個人や家族および集団や地域に働きかけるなどその形態は多様であり、用いられる方法も問題の特性によって、ケースワーク、グループワーク、コミュニティーワークなどがある。しかし、ソーシャルワークの実践として共通基盤が存在する。私たち人間は、自分を取り巻く環境に働きかけながら、また環境からの働きかけに自分を適合させながら、周囲と、あるいは自分自身のバランスを保ち、日々の生活を送っている。つまり、人間の生活はその人を取り巻く環境との間の交互作用から成り立っており、社会生活はその過程と捉えることができる。ソーシャルワークでは、この「人間と環境の交互作用」に焦点を当て、問題や困難について理解していくのである。人間が生活上の問題を抱えるということは、単にその人側に問題がある、あるいはその人の周囲（環境）に問題があると考えるのではなく、人と環境の交互作用のありように問題があると理解し、その状況を改善・解決していくことを行っていく。そこで、ソーシャルワークではその生活に視点を置き、人間の社会生活機能に焦点を当てることになる。つまりソーシャルワークは、人間を環境との関係の中で尊厳を有する個人とする人間観を持ち、生活を人間と環境の交互作用の場と捉えるという、人間と環境、さらにその交互作用に焦点を当て、その関係を調整していく援助活動であることに特徴がある。

(3) ソーシャルワークの体系

ソーシャルワークでは、価値や知識を前提として個別的な生活問題を理解し、その問題状況に適した援助技術を用いてソーシャルワークの実践が展開される。この援助技術には、直接的に利用者に関わり援助するものとして、ケースワークとグループワークがある。また、間接的に利用者を援助する技術として、コミュニティーワーク、社会福祉調査法、社会福祉計画法、社会活動法、社会福祉運営管理がある。さらに、関連する援助技術として、ケアマネジメント、ネットワーク、カウンセリング、スーパービジョン、コンサルテーションがある。

第2節 社会福祉の対象と福祉ニーズ

1．社会福祉の対象

社会福祉の対象とは、社会福祉が取り組むべき問題、社会福祉の援助が必要な人、領域のことと言うことができる。しかし、わが国では社会福祉の明確な定義がないので、社会福祉の対象について共通の定義がなされてはおらず、多様な考え方がある。

代表的な社会福祉の対象の把握は、目に見える現象として捉える方法で、貧困者、児童、障害者、高齢者、地域住民のような個人や地域などの一定の属性に基づいての捉え方である。この捉え方は、社会福祉法制によって援助対象者を規定することにつながっている。

その他、福祉問題、生活問題、生活困難などのように、一定の問題状況として捉える場合もある。また岡村重雄は、社会福祉の固有性を主張する立場から、社会生活上のニーズとの関連で社会福祉の対象を規定している［岡村、1983］。

社会福祉の対象の捉え方は、時代とともに変化し、なんらかの社会生活上の困難を抱える特定の誰かではなく、誰にでも起こりうる生活の困難という捉え方も必要である。またその困難とは、自立して生活を維持できないときに社会連帯により行われる支援の必要と理解できるので、問題は自立困難の内容とその困難を社会的に支援が必要と認められるか否かに社会福祉の成立がかかっていることになる。

2．福祉ニーズ

社会福祉のニーズについては種々の見解があるが、代表的なニーズ論として、三浦文夫は「何らかの基準に基づいて把握された状態が、社会的に改善・解決を必要とすると社会的に認められた場合に、その状態をニード（要援護状態）とすることができる」［三浦、2011］と定義している。また、岡村重雄は「社会生活ニーズとはなにか」を論じ、「人間の社会生活上の基本的要求」として、①経済的安定、②職業的安定、③家族的安定、④保健・医療の保障、⑤教育の保障、⑥社会参加あるいは社会的協働の機会、⑦文化・娯楽の機会、の７つを提起している［岡村、1983］。

社会福祉のニーズの分類には、いくつかの方法がある。代表的なものとして、本人が自覚しているか否かによる分類と、貨幣化されるものかどうかによる分類がある。前者は、本人がそのニーズを自覚している場合は顕在的ニーズ、本人は自覚していないが専門家など他者から見るとニーズがあると考えられる状態を潜在的ニーズがあるとする。後者は、貨幣的ニーズと非貨幣的ニーズがある。貨幣的ニーズは、生活保護など金銭給付によりニーズが解決するニーズである。また非貨幣的ニーズは、ホームヘルプサービスや相談支援等の対人援助サービスなどの現物給付により充足される状態である。

第3節　社会福祉を取り巻く状況

1．少子高齢化社会

国立社会保障・人口問題研究所が2012年1月に公表した将来人口推計では、2010年の国勢調査による1億2806万人から、2030年には1億1662万人、2060年には8674万人になるものと推計されている（**図表1**）。

このような人口減少は、親世代の人口の減少と合計特殊出生率（その年次の女性の各年齢〈15～49歳〉別出生率を合計したもので、「その年の出生率」）の持続的な低下の相乗効果により出生数が減少する一方、人口の

図表1　日本の人口の推移（長期）

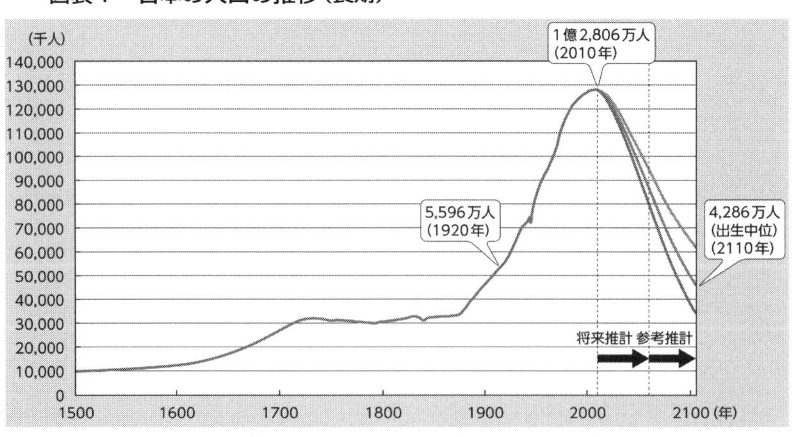

資料：1920年より前＝鬼頭宏『人口から読む日本の歴史』、1920～2010年＝総務省「国勢調査」、2010年以降＝「日本の将来推計人口（平成24年推計）」（出生3仮定・死亡中位仮定）。一定の地域を含まないことがある。

出典：厚生労働省編『厚生労働白書〔平成24年版〕』2012年を基に作成

高齢化を招き、高齢者の増加に伴い死亡数も増加していく現象であると言える。少子化は、出生率が低下して子どもや青少年の数が減少していくことであり、高齢化は、総人口に占める65歳以上の高齢者の割合が上昇していくことである。人口構成を見ると、老齢人口の割合に比べ年少人口の割合が低い社会となり、少子高齢化の進展により人口減少の局面を迎えている。

このような少子高齢化は、多産多死から少産少死の社会への転換を意味する。生活スタイルの変化、生活水準の向上、労働形態の変化、医療の発達などのさまざまな要因により出生率が低下し、子どもの数が減少し高齢者の人口割合が増加する。今後50年間の将来人口推計によると、年少人口（14歳以下）の割合は、2010年の13.1％から 9.1％へと4.0％減少し、生産年齢人口の割合は、同63.8％から50.9％へと12.9％の減少が見

図表2　日本の人口の推移

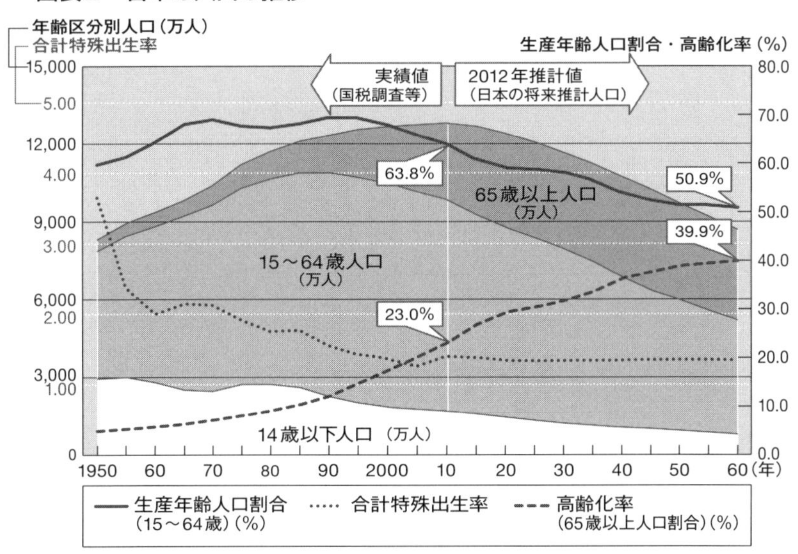

（注）1950～1970年は沖縄県を除く。
資料：総務省「国勢調査」（年齢不詳の人口を各歳に按分して含めた）、国立社会保障・人口問題研究所「日本の将来推計人口（2012年１月推計）」（出生中位・死亡中位推計、各年10月１日現在人口）、厚生労働省大臣官房統計情報部「人口動態統計」。
出典：厚生労働省編『厚生労働白書〔平成24年版〕』2012年を基に作成

込まれている。一方、老齢人口（65歳以上）の割合は、同23.0％から上昇し続けて39.9％になると推計され、文字どおり少子高齢化社会となる（**図表２**）。このような人口構成の変化に伴い、子育て支援策、少子高齢化社会で必要となる社会保障や社会福祉サービスの対応策等の制度設計が求められる。

２．家族の変化

(1) 家族の小規模化・多様化

家族の形態の変化として家族の小規模化、家族を構成する人数の減少がある。合計特殊出生率は、2005年に1.26まで低下した。2011年は1.39と近年少しずつ上昇してはいるものの低い状態が続いており、家族単位の縮小化傾向にあると言える。

家族の縮小化傾向の背景には、男女双方の晩婚化・未婚化、子育ての

図表３　共働き等世帯数の推移

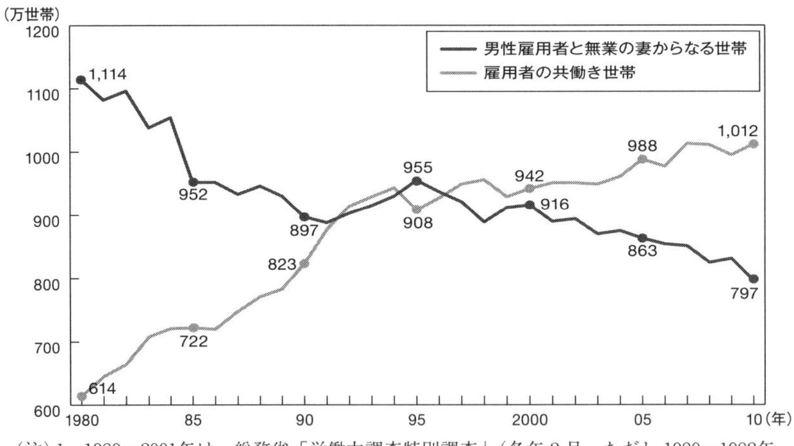

（注）1　1980～2001年は、総務省「労働力調査特別調査」（各年２月。ただし1980～1982年は各年３月）、2002年以降は「労働力調査（詳細集計）」（年平均）より作成。
2　「男性雇用者と無業の妻からなる世帯」とは、夫が非農林業雇用者で、妻が非就業者（非労働力人口および完全失業者）の世帯。
3　「雇用者の共働き世帯」とは、夫婦ともに非農林業雇用者の世帯。

資料：内閣府「平成23年版男女共同参画白書」

出典：厚生労働省編『厚生労働白書〔平成23年版〕』2011年を基に作成

経済的負担の増加、女性の社会進出等が推察されている。日本人の平均初婚年齢は、2011年で夫が30.7歳、妻が29.0歳となっており、1980年の夫27.8歳、妻25.2歳から、夫は2.9歳、妻が3.8歳、平均初婚年齢が上昇している。また女性の大学進学率が45.2%（1950年代2%）と高学歴化が進み、高学歴化を背景として独身女性の希望するライフコースが、従来の専業主婦志向から、仕事と家庭の両立や非婚就業傾向へと変化してきている。共働き世帯と専業主婦世帯とを比べると、1997年に前者が後者を上回り、共働き世帯が増加している（**図表3**）。

一方、世帯構造を見ても、単独世帯と核家族世帯（夫婦のみの世帯、夫婦と未婚の子のみの世帯、一人親と未婚の子のみの世帯）が増加し、三世代世帯が減少傾向にある。特に、単独世帯の増加が著しくなっており、2030年には全世帯の37%が単独世帯になると見込まれている。また離婚率の増加傾向を背景として、一人親世帯も増加している。このように、少子化や高齢化、さらに男女の生き方や家族のあり方の変容により、家族の形態も多様化してきている（**図表4**）。

(2) 家族の意味の変化

家族の形態の変化に伴い、家族の持つ意味も変化しつつある。従来、家族形態というものは「夫が家庭の経済的基盤を支え、妻は家庭で家事や子育てを担う」というものであり、それぞれの役割を果たすことが幸福と考えられてきた。だが価値観の多様化、男女の生き方の変容の中で、特定の家族像に縛られず、個人の幸福を第一に捉え、家族一人ひとりの幸福を実現する要素として家族をつくっていくという考え方がされるようになってきている。

社会においても、家族は、単位として一定の役割を与えられている制度でもあった。だが地域社会の中での家族という意識が弱まり、地域社会とのつながりよりも、家族内での強い情緒的関係で結ばれた自分たちの生活を大切にする私的なものに変化してきている傾向にある。

図表４　世帯構造別・世帯類型別に見た世帯数および平均世帯人員の推移（単位：千世帯。カッコ内は構成比率）

年次	総数	世帯構造						世帯類型				平均世帯人員（人）
		単独世帯	夫婦のみの世帯	夫婦と未婚の子のみの世帯	ひとり親と未婚の子のみの世帯	三世代世帯	その他の世帯	高齢者世帯	母子世帯	父子世帯	その他の世帯	
1986	37,544 (100.0)	6,826 (18.2)	5,401 (14.4)	15,525 (41.4)	1,908 (5.1)	5,757 (15.3)	2,127 (5.7)	2,362 (6.3)	600 (1.6)	115 (0.3)	34,468 (91.8)	3.22
1989	39,417 (100.0)	7,866 (20.0)	6,322 (16.0)	15,478 (39.3)	1,985 (5.0)	5,599 (14.2)	2,166 (5.5)	3,057 (7.8)	554 (1.4)	100 (0.3)	35,707 (90.6)	3.10
1992	41,210 (100.0)	8,974 (21.8)	7,071 (17.2)	15,247 (37.0)	1,998 (4.8)	5,390 (13.1)	2,529 (6.1)	3,688 (8.9)	480 (1.2)	86 (0.2)	36,957 (89.7)	2.99
1995	40,770 (100.0)	9,213 (22.6)	7,488 (18.4)	14,398 (35.3)	2,112 (5.2)	5,082 (12.5)	2,478 (6.1)	4,390 (10.8)	483 (1.2)	84 (0.2)	35,812 (87.8)	2.91
1998	44,496 (100.0)	10,627 (23.9)	8,781 (19.7)	14,951 (33.6)	2,364 (5.3)	5,125 (11.5)	2,648 (6.0)	5,614 (12.6)	502 (1.1)	78 (0.2)	38,302 (86.1)	2.81
2001	45,664 (100.0)	11,017 (24.1)	9,403 (20.6)	14,872 (32.6)	2,618 (5.7)	4,844 (10.6)	2,909 (6.4)	6,654 (14.6)	587 (1.3)	80 (0.2)	38,343 (84.0)	2.75
2004	46,323 (100.0)	10,817 (23.4)	10,161 (21.9)	15,125 (32.7)	2,774 (6.0)	4,512 (9.7)	2,934 (6.3)	7,874 (17.0)	627 (1.4)	90 (0.2)	37,732 (81.5)	2.72
2007	48,023 (100.0)	11,983 (25.0)	10,636 (22.1)	15,015 (31.3)	3,006 (6.3)	4,045 (8.4)	3,337 (6.9)	9,009 (18.8)	717 (1.5)	100 (0.2)	38,197 (79.5)	2.63
2010	48,638 (100.0)	12,386 (25.5)	10,994 (22.6)	14,922 (30.7)	3,180 (6.5)	3,835 (7.9)	3,320 (6.8)	10,207 (21.0)	708 (1.5)	77 (0.2)	37,646 (77.4)	2.59
2011	46,684 (100.0)	11,787 (25.2)	10,575 (22.7)	14,443 (30.9)	3,263 (7.0)	3,436 (7.4)	3,180 (6.8)	9,581 (20.5)	759 (1.6)	96 (0.2)	36,248 (77.6)	2.58

（注）1　1995年の数値は、兵庫県を除いたものである。
2　2011年の数値は、岩手県、宮城県および福島県を除いたものである。

出典：厚生労働省「平成23年国民生活基礎調査の概況」2011年を基に作成

家族は、子育てや親の介護などの機能を持つとされてきた。だが家族形態の変化の中で、家族のこうした機能はさらに変化しつつある。多様な生き方の選択肢が存在するはずの社会の中で、共働き夫婦が増加しているにもかかわらず、子どもが誕生後、母親は依然として子育てを一手に引き受けなければならない状況にあり、閉塞感や負担感にさいなまれ「孤育て」化にさらされやすい状況が見られる。また一方、親の扶養意識もだんだん変化してきており、社会福祉の役割がますます重要となっている。

3．地域の変化

地域社会は、日常生活や人とつながり、支え合う相互扶助の場であり、生活を支える重要な機能を持っている。だが、人口の減少、急速な少子高齢化の進展の中で、地域社会の姿は大きく変貌してきている。

人口減少、家族形態・機能の変化、ライフスタイルの多様化等を背景として、人々の生活の基盤である家庭を支え、人々と交流し、地域の文化を継承してきた伝統的な地域社会の機能の低下は明らかである。特に地域のつながりの希薄化は、地域の相互扶助機能の低下をもたらし、高齢世帯の孤立化、現役世代の自殺、引き籠もり等の社会的排除の増加の一因となってくる。

第４節　現代の社会福祉の課題

1990年代以降の社会福祉法の改正を到達点とする「社会福祉基礎構造改革」の流れの中で、利用者本位のサービス提供システムの構築、サービスの質の向上、地域福祉の推進など、政策の充実、活性化が図られてきた。だが、社会経済構造が大きく変化し、新たに格差社会といわれるような不平等が広がり、失業者の増加、非正規雇用の増大、ワーキングプア等の問題が生み出され、それらへの対応において、従来の社会保障、社会福祉のシステムでは、セーフティーネットとして機能しないことを露呈させている。少子高齢者社会を背景としての、保育サービスのニーズの増大、長期化する高齢者への介護の問題等があり、それらへの対策が緊急の課題となっている。また、家族機能が脆弱化する中では、ＤＶ、虐待などの対応も困難を極めている。これらの問題の多くは、問題の重積・連鎖によってもたらされているものが多く、従来の福祉六法による対象別の対策では対応しきれないものが多くなってきており、今後の社会福祉のあり方をどうするかも大きな課題である。

【参考文献】

秋元美世・大島巌・芝野松次郎・藤村正之・森本佳樹・山県文治編『現代社会福祉辞典』有斐閣、2003 年

大島侑監修、山本隆・小山隆編著『社会福祉概論〔第 3 版〕』（シリーズ・はじめて学ぶ社会福祉）ミネルヴァ書房、2006 年

大橋謙策・白澤政和編著『現代社会と福祉』ミネルヴァ書房、2012 年

岡村重雄『社会福祉原論』全国社会福祉協議会、1983 年

片山義弘・李木明徳編『社会福祉』北大路書房、2012 年

厚生労働統計協会『国民の福祉と介護の動向 2012/2013』（『構成の指標』増刊 Vol.59 No.10）厚生労働統計協会、2012 年

社会福祉士養成講座編集委員会編『現代社会と福祉』（新・社会福祉士養成講座）中央法規出版、2012 年

千葉茂明・宮田伸朗編『新・社会福祉概論』みらい、2009 年

三浦文夫『社会福祉政策研究──福祉政策と福祉改革〔増補改訂版〕』 全国社会福祉協議会、2011 年

山縣文治・岡田忠克編『よくわかる社会福祉〔第 9 版〕』ミネルヴァ書房、2012 年

社会福祉の歴史的変遷

和田上貴昭

第*1*節　イギリスにおける社会福祉の歴史

1．貧困問題の発生

貧しい人たちや障害のある人など、生活上の課題を持つ人たちに対する福祉活動は古くから行われている。ただ、現代の社会福祉は自発的な福祉活動だけでなく、国による制度を背景とした取り組みをも含む。その始まりはイギリスにおける貧困対策である。こうした貧困対策を国が積極的に行うようになったのは、市民社会化と産業化による社会変動がきっかけであり、市民革命も産業革命もイギリスから始まったことから、社会福祉政策の歴史を理解するためには、イギリスの経過を学ぶ必要がある。

イギリスでは16世紀頃から国の貧困対策が始まっている。これは、貧困に対する社会の認識が変容し、社会問題化したことに起因する。16世紀のイギリスでは毛織物市場の拡大に伴い、農地から牧草地への転換が積極的に行われた。その中で、多くの農民が不要となり、大量の生活困窮者が発生することとなった。こうした生活困窮者の受け皿としての労働市場がない当時のイギリスでは、土地から切り離された人たちは地域のつながりからも切り離され、生活する糧を失うこととなった。国としては、こうした生活困窮者の増大は治安維持上大きな問題であったため、なんらかの取り組みをする必要が生じることとなった。1601年に制定されたエリザベス救貧法は、教区（地域共同体）ごとに救貧税を徴収し、労働ができない貧民には扶助を与え、労働可能な貧民には労働を強いた。つまり、貧困問題は社会の治安維持上の問題であり、貧困そのものを問題としたものではなかった。

17世紀のイギリスにおける市民革命は、市民の自由な経済活動を保障する基盤としての市民社会を形成するきっかけとなった。これは、18世紀後半の産業革命に必要となる膨大な労働者確保のための前提条件でもあった。治安を脅かす生活困窮者を地域共同体に定住させることを目的としていた救貧法は、こうした時代状況との矛盾が生じていくこととなった。その結果、1834年に救貧法が改正された。新救貧法では、①全国的統一の原則（教区ごとの運営から全国統一的な運営基準の策定）、②劣等処遇の原則（救済を受ける貧民の処遇は、自立して生活している労働者の最低水準よりも低くすべき）、③院内救済の原則（救済を受ける貧民は労役場でのみ救済を行う）が示された。課題となっていた地域共同体へ定住させる政策は廃止されることとなった。

2．民間慈善事業の取り組み

産業革命は社会的・経済的環境の変動を生み出し、多くの貧困者を創出することとなった。そのため、民間慈善事業家による多くの慈善活動が行われることとなった。この時期、社会福祉の歴史に大きな役割を果たすこととなったのが、1869年設立の慈善組織協会（Charity Organization Society: COS）である。これは、相互の連絡調整がないままに行われていた各種の慈善活動を組織化することを目的とした団体である。ただし、慈善組織協会は全ての貧困者を対象としたのではなく、救済に値する貧困者（自助努力を行う貧困者）を救済し、社会に戻すことを役割としていた。一方、救済に値しない（自助努力をせず、救済に頼る貧困者）は、新救貧法による保護を促すという役割分担を行っていた。また慈善組織協会は、貧困家庭に戸別訪問（友愛訪問）を行い、その記録を集めて分析するなど、現在のソーシャルワークの源流となる活動を行った。

同時期にスラム街において行われたセツルメント活動も、同様に、今日の社会福祉において重要である。これは、大学教員や学生などの知識人がスラム街に定住し、その地域の相談や教育活動を行うものである。1884年にバーネット夫妻がオックスフォード大学の学生や教員と共に始めたトインビーホールが最初と言われている。セツルメント活動では、貧困を個人だけでなく社会の問題として捉え、社会調査やグループワーク、コミュニティワークの源流となるような活動をしている。

貧困の要因を個人的なものではなく、社会の問題であるとする認識の転換には、貧困調査が大きな役割を果たすこととなる。ブースが私財によりロンドン市民430万人を対象に行った貧困調査（1886～1891年）の結果、約3割の人々が貧困状態に置かれていることが明らかになった。その原因も、労働状況などが大きく影響していることが判明した。また、ローントリーが行ったヨーク市の調査（1899年）においても、同様の結果が出ている。こうした調査結果により、それまでの救貧施策における取り組みでは貧困問題が解決できないことが露呈することとなった。

3．福祉国家の発展と再考

第二次世界大戦後のイギリスの社会保障を決定づけたのは、1942年に提出された「ベバリッジ報告」であった。これはベバリッジを委員長とする「社会保険および関連サービスに関する関係各省委員会」の報告書である。戦乱の中で、戦後の社会を再建するための社会保障制度検討の必要性から生じたものである。ベバリッジ報告では、社会保険および社会扶助を改革し、社会の再建を阻む5つの巨人悪（窮乏、疾病、無知、不潔、怠惰）を解決し、ナショナル・ミニマムを国家は保障すべきだとした。また、その前提条件として、児童手当、包括的保健サービス、雇用維持を挙げた。戦後、これらの施策は次々と具体化され、貧困問題に限らず国民の生活を国家が保障していく枠組みが構築されていくこととなった。

このように、市場経済と民主主義を基盤とした国家が、完全雇用などの政策を基盤として、所得保障や社会福祉など人々の生活に直接関わる施策を保障する国家のありようを福祉国家という。福祉国家と称される国はこの後、西欧諸国、北欧諸国、アメリカ、日本へと拡大していくこととなる。

1965年にはシーボームを委員長とする「地方自治体と個別的社会サービスに関する委員会」が設置され、1968年にシーボーム報告が提出される。これは戦後の社会変動による家族構造の変化に対応したもので、縦割り行政で提供されていたサービスを地方自治体が一元的・包括的に運営・管理するというものである。このことにより、地域住民のニーズに総合的に対応するコミュニティ・ケアが提供されることとなった。

福祉国家の充実には、国の財政負担が大きくなるという特徴があり、東西冷戦下における軍事費の支出や国の経済状況の悪化などにより、サービスを縮小せざるを得なくなっていく。こうした状況から、1979年には福祉国家の縮減を公約とするサッチャーが首相に就任することとなる。ベバリッジ報告以降、国が国民の生活を支える方向に傾いていたが、ここから新自由主義を背景として、国民の自己責任が問われるようになってきたのである。この中で、行政サービスが全てを提供するのではなく、民間でできるものは民間で行うべきだとの意見が強くなり、民間営利部門の福祉サービス参入が進められることとなった。また、これまでの保護的な施策に対する批判から、労働可能でありながら所得保障を受給している人を労働市場に戻すための政策が導入される。

近年は「第三の道」を掲げたブレア政権の誕生（1997年）により、新たな方向性が示されている。

第2節 アメリカにおける社会福祉の歴史

1．民間慈善事業の取り組み

アメリカは自己責任主義が主流であるため、貧困に対して個人の責任を強調する傾向の強い社会である。連邦政府による社会保険が施策化されるのは、1935年の社会保障法成立まで待たなければならなかった。それゆえ20世紀初頭においては、貧民等の救済については州レベルで限定的に行われていた。一方で、民間による救済活動は活発に行われていくこととなった。

アメリカにおいて慈善組織協会が初めて設立されたのは1877年であった。友愛訪問活動は1910年代から20年代の初頭にかけて、貧困者のみならず、生活上に多様な問題を抱える個人や家族に対する社会的援助の知識・技術として体系化されていく。慈善組織協会の職員であったリッチモンドは、訪問活動や相談活動の経験などを通じて道徳主義や自己責任主義を克服し、人間とその環境としての社会との相互的な関係に焦点を当てる独自のソーシャルワーク理論を体系化し、「ソーシャルワークの母」と呼ばれることとなった。

またこの時期、アメリカでもセツルメント運動が展開される。その端緒を開いたといわれているのが、1889年、アダムスらにより設立されたハルハウスである。移民に対してアメリカ社会への適応を支援し、促進することを目的としていた。そこでは英語教育、永住権取得の支援、仕事や住居の斡旋、保育施設の運営を行った。

2．社会保障体制の確立

1929年から始まった世界大恐慌の中、アメリカでは大量の失業者、貧困者が出現し、社会不安が生み出された。1933年に登場したフランクリン・ルーズベルト大統領は、問題状況の克服を目的としたニューディール政策を打ち出した。その基本的な考え方は、それまでの自由放任主義を放棄し、国家による国民生活への積極的な介入であった。すなわち、政府が積極的に経済活動に介入する政策であり、大規模な公共事業による雇用の確保や社会保障法の成立等であった。こうしたニューディール政策は、必ずしも直接景気の回復に資するような性格のものではなかったが、国民の福祉を守ることを国として保障し、資本主義体制を維持するうえで一定の成果を上げるものであった。

1935年に成立した「社会保障法」は、世界で最初に社会保障という言葉を採用した法律であった。この法律は、失業保険、年金保険とともに、要扶養児童扶助、視覚障害者扶助、高齢者扶助から成る公的扶助制度と、母子保健サービス、肢体不自由児サービス、児童福祉サービスなどから成る社会福祉サービスに関する規定から構成されている。社会保障法の成立は、社会福祉が補充的なものから制度的なものへと展開したことを意味する。自由奔放主義の放棄と国家の経済活動への大幅な介入という資本主義それ自体の変化を基盤とし、それを反映するものであった。

1960年代には、ジョンソン大統領の下で行われた「貧困との戦争」により、社会福祉プログラムの充実が図られてくる。その後、貧困問題に対しては、「強いアメリカ」をスローガンに登場し新自由主義の影響の色濃い施策を打ち出したレーガン大統領の下で、要扶養児童扶助が改正・改称され、要扶養児童家庭扶助となり、受給用件の厳格化と不正受給等の防止策が講じられた。それと同時に、受給者の就労を促進するプログラム（ワークフェア）が各州で取り組まれた。それ以後、ウェルフェアからワークフェアへの流れの中で、貧困家庭に対しては就労支援が重視されていくこととなる。

第3節 日本における社会福祉の歴史

1．民間慈善事業の取り組み

貧困者救済の歴史は、聖徳太子が建立した四天王寺の四箇院の一つ非田院で、孤児や棄児、老人等を保護したことに遡る。ただし、現代の社会福祉につながる施策や実践は、日本の近代国家形成の契機となる明治期以降に始まる。

1868年の明治維新およびそれに続く明治期は、日本における大きな転機であった。政治体制、経済体制、社会のありようについて大きな変革が行われ、同時に貧困問題を中心として、さまざまな社会問題が表面化した時期である。貧困問題は、すでに江戸時代中期から社会問題化しており、庶民の困窮した生活状況は、堕胎、間引き、人身売買などを引き起こしていた。明治期に入ってもその状況は変わらず、加えて、封建制解体や急激な産業化とともに、さらにその状況は悪化した。

こうした中にあって、貧困者に対する救済施策である恤救規則が1874年に制定された。この法律は、貧困者救済の原則を、血縁・地縁関係などの相互扶助に置いており、「無告ノ窮民」（誰の助けも期待できない困窮者）に限り、やむをえず公費で救済するという限定的なものであった。救済額も、1日5合分の米代を支給するのみであった。都市部において生活に困窮している者ために、国は収容施設を設立したが、治安維持を目的とする限定的な対応にとどまっていた。

国からの救済が期待できない中、孤児や貧児、障害児等への児童救済は民間の慈善事業によって活発になされた。特に、貧児・棄児・孤児に対する救済を目的とした育児事業（孤児院、育児施設）は、明治期前半を中心に数多く取り組まれている。中でも石井十次により設立された岡山孤児院は、その規模や運営形態、理念および方法において明治期を代表する慈善事業であった。その他にも、非行行為を繰り返す児童に感化教育を行う取り組み（感化事業）や障害児への支援、セツルメント活動や保育事業等が始められている。当時、慈善事業に対する公的な支援がほとんどない中で行われていたが、感化法が1900年に成立したことで感化事業は法的な後ろ盾を得ることとなった。これは治安維持的な意味合いが強い。わが国最初のセツルメント活動としては、1897年に片山潜が、神田にキングスレー館を設立している。また、1900年には野口幽香らにより、二葉幼稚園が設立され、スラム街の児童だけでなく多彩な地域の児童のために保育活動を行った。この時期、今日の福祉サービスの基となる事業が設立されることとなった。

2．社会事業の取り組み

日露戦争、第一次世界大戦を経て日本の資本主義は発展したが、一方で1929年の世界大恐慌に始まる慢性的な不況の中で、国民生活の困窮は深刻化していった。長期にわたる不況の下、賃金の低下や失業者の増大など、深刻な社会不安が生じることとなり、その解決を社会的連帯の立場から取り組む機運が高まり、社会事業が展開されることとなる。

第一次世界大戦後の慢性的な不況は、これまでの恤救規則では救貧制度として不十分であることを示すこととなった。そこで新たな救貧立法である「救護法」が1929年に成立した（財政的な理由から1932年に施行）。対象者から労働能力のある貧民を除くなど、選別的なところはあるものの、国の責任として公的扶養を行う姿勢を打ち出したことなど、歴史的な意義は大きいと考えられる。

その後、1933年には児童虐待防止法および感化法を改正した少年教護法が、1937年には母子保護法が、1938年には社会事業法が成立している。母子保護法は、貧困による生活苦から母子心中を多発させていた母子家庭への対応である。社会事業法は、民間の社会事業団体を規整し、補助金を交付することを目的とした法律である。こうして日本でも、社会の責任において貧困等の問題に取り組む施策が整えられることとなった。しかしこの背景には、戦時体制へと移行する中で、国が国民を統制するという目的もあった。

3．第二次世界大戦後の社会福祉体制

戦後、日本において早急に対応すべき課題は、生活困窮状況にあった多くの人々の最低限の生活を支えることであった。終戦から1952年まで、日本はGHQ（連合国軍最高司令官総司令部）の統治が行われ、社会福祉施策の制定もGHQの指示の下に行われた。1946年には「社会救済に関する覚書」（SCAPIN 775）がGHQから示されている。そこでは、国家責任、

無差別平等、公私分離、必要充足などの原則が提示され、これに基づいて1946年に（旧）生活保護法が制定された。ただしこの（旧）生活保護法には、怠惰者や素行不良者を保護の対象外とする欠格条項など改善すべき点が含まれていたために、日本国憲法制定後に廃止され、憲法第25条の生存権の理念に基づいた（新）生活保護法が1950年に制定された。生活保護法以外にも、1947年には児童福祉法が、1949年には身体障害者福祉法が制定された。児童福祉法は、その対象を戦災孤児や浮浪児等の要保護児童だけでなく、一般児童までに広げた児童の福祉の総合的な法律として制定された。身体障害者福祉法は、身体障害者を対象にその更生を援助し、更生のために必要な保護を行うことを目的に制定された。

生活保護法、児童福祉法、身体障害者福祉法の福祉三法が成立したことにより、これら社会福祉事業の共通事項を規定する法律が必要となり、1951年に社会福祉事業法が制定された。同法では、社会福祉事業を第一種社会福祉事業と第二種社会福祉事業に分け、このうち、利用者の生活と密接な関係を有し、事業の継続性・安定性の確保が必要となる事業を相対的に強い規制の対象として第一種社会福祉事業に位置づけ、経営主体を国や地方自治体、社会福祉法人等に限った。そして社会福祉事業のうち、第一種社会福祉事業でないものを第二種に位置づけた。また、この時期、社会保障制度審議会は「社会保障制度に関する勧告」を行い、社会保障の範囲と方向性を示した。

４．高度経済成長期の社会福祉体制

昭和30年代後半から本格化するわが国の高度経済成長により、国民の生活水準は飛躍的に上昇した。好調な経済状況の下、さまざまな福祉施策が実施されていくこととなった。高齢者福祉施策や障害者福祉施策、母子保健施策の拡充、児童手当制度の創設、保育施策の強化、社会福祉施設緊急五か年計画の策定などが行われた。これらの施策は、高度経済成長が生み出した新たな福祉ニーズへの対応でもあった。この時期、都市化・核家族化の進行、地域社会の変容など、わが国の社会構造そのものが大きく変化した。また、公害問題、高齢化問題、家族機能の脆弱化に伴う問題といった新たな社会問題が発生していた。女性就労の増加による保育所需要が急増し、保育所の不足が全国的な問題となったことは、その一つである。

具体的な施策の制定等については以下のとおりである。1960年には知的障害者に対する福祉サービスを提供するための精神薄弱者福祉法（現・知的障害者福祉法）が、1963年には老人福祉法が、1964年には母子家庭における子どもの健全育成を視野に入れて支援を行う母子福祉法（現・母子及び父子並びに寡婦福祉法）が制定された。さらに、1961年には児童扶養手当法が成立し、母子家庭に対する経済的支援が行われた。1965年には母性ならびに乳幼児の健康の保持と増進を図ることを目的とした母子保健法が、1970年には心身障害者対策基本法（現・障害者基本法）が制定されている。1971年には、社会保障最後の懸案であった児童手当法が制定され、18歳未満の児童がいる家庭に経済的支援が行われた。

5．オイル・ショック以降の社会福祉体制

1973年は福祉元年として社会福祉の発展が期待されたが、その年のオイル・ショックにより経済が失速し、一転、「福祉見直し論」が主張されることとなった。この時期までに拡充してきた社会福祉施策は、その後の経済の低成長による国の財政事情の悪化に伴い、システムの見直しを迫られることとなる。少子高齢化の進展や地方分権化に伴う国の役割の見直しが求められるようになる。特に、1990年代から始まる社会福祉基礎構造改革による一連の社会福祉施策の再編は、それまでの戦後の措置制度を中心とした施策体系から大きく転換を図るものであった。

1990年には、福祉関係８法の改正が行われることとなった。従来の福祉六法（児童福祉法、身体障害者福祉法、生活保護法、精神薄弱者福祉法、老人福祉法、母子及び寡婦福祉法）から、生活保護法を除いた５法と社会

福祉事業法、老人保健法、社会福祉・医療事業団法を加えたものが改正された。この改正により、地域主体の福祉サービスの充実が目指されることとなった。さらに1994年には「21世紀福祉ビジョン――少子・高齢社会に向けて」が提出され、「適正給付と適正負担」が目指されるべき福祉社会像となった。さらに、2000年に「社会福祉事業法」が大幅に改正されて「社会福祉法」となり、福祉サービス利用者と福祉サービス提供者との対等な関係の確立や、福祉サービス利用者の権利を保障するための方策などが盛り込まれた。

高齢者福祉の領域においては、高齢化社会における需要に応えるため、サービスの量的整備が国にとって大きな課題であった。1989年に高齢者保健福祉推進十か年戦略（ゴールドプラン）を打ち出し、サービスの拡充を図るべく取り組むこととなる。5年後には、新・高齢者保健福祉推進十か年戦略（新ゴールドプラン）により、サービスの量的整備目標の引き上げを行っている。その後、介護サービスにおける社会保険制度の導入を目指した介護保険法が1997年に成立し、2000年から施行されることとなった。

児童福祉の領域では、1997年の児童福祉法改正により、従来、市町村により措置として行われていた保育所の入所を、保護者が希望する保育所への入所が可能になるように選択利用方式の導入が図られている。

障害者福祉の領域でも利用方式の変更により、2003年から支援費制度が導入され、利用契約制度への転換が図られた。その後、2006年に施行された「障害者自立支援法」（2013年4月「障害者の日常生活及び社会生活を総合的に支援するための法律〈障害者総合支援法〉」に改称）においてそれを継続している。

権利保障については、福祉サービスの内容に関する情報の開示、苦情解決システムの導入、第三者評価などが義務づけられることとなった。

このような利用制度の変更や福祉サービスの質を高める試みは、福祉サービスが一般化してきたことを受けての対応であり、社会福祉の対象は、終戦直後の特別な状況や、特別な状況に置かれている家族のニーズだけではないことを示すこととなった。

6．新たなニーズへの対応

社会の変化、家族の多様化、家族機能のさらなる脆弱化は、新たな福祉ニーズを顕在化させ、それに伴い、新たな社会福祉施策が求められるようになった。特に近親者の暴力への対応は大きな課題である。

2000年に成立した「児童虐待の防止等に関する法律」（児童虐待防止法）や、2001年成立の「配偶者からの暴力の防止及び被害者の保護に関する法律」（現・配偶者からの暴力の防止及び被害者の保護等に関する法律〔DV防止法〕）、2005年成立の「高齢者虐待の防止、高齢者の養護者に対する支援等に関する法律」（高齢者虐待防止法）、2011年成立の「障害者虐待の防止、障害者の養護者に対する支援等に関する法律」（障害者虐待防止法）などは、福祉サービスが親子関係等の緊密で私的な関係においても必要になってきたことを意味する。また、そこに福祉サービスが介入することに対する社会的な合意が得られていることも意味している。今後、福祉サービスはさらに身近なサービスとして生活を成り立たせるために不可欠なものとなっていくことが予想される。

【参考文献】

稲沢公一・岩崎晋也『社会福祉をつかむ〔改訂版〕』有斐閣、2014 年

金子光一『社会福祉のあゆみ――社会福祉思想の軌跡』有斐閣、2005 年

古川孝順『社会福祉の新たな展望――現代社会と福祉』ドメス出版、2012 年

和田上貴昭「児童福祉の歴史的展開」千葉茂明編『エッセンシャル児童・家庭福祉』みらい、2010 年、pp.42 - 56

第3章

社会福祉と社会保障

松井　圭三
今井　慶宗

第*1*節　社会保障とは

1．社会保障とは

日本国憲法第25条は、第１項で「すべて国民は、健康で文化的な最低限度の生活を営む権利を有する」、第２項で「国は、すべての生活部面について、社会福祉、社会保障及び公衆衛生の向上及び増進に努めなければならない」としている。第１項でのいわゆる生存権保障とともに、第２項で社会福祉・社会保障・公衆衛生について国家の責務としているのである。

この社会保障という用語について、戦後日本では1950年の社会保障制度審議会勧告における定義がよく用いられてきた。すなわち、「社会保障制度とは、疾病、負傷、分娩、廃疾、死亡、老齢、失業、多子その他困窮の原因に対し、保険的方法又は直接公の負担において経済保障の途を講じ、生活困窮に陥ったものに対しては、国家扶助によって最低限度の生活を保障するとともに，公衆衛生及び社会福祉の向上を図り、もってすべての国民が文化的成員たるに値する生活を営むことができるようにすることをいう」というものである。

社会保障への財政支出は、社会保障給付費として把握される。その社会保障給付費の部門別分類は、「医療」「年金」「福祉その他」から成る。この中で「医療」には、健康保険や後期高齢者医療制度などの医療保険のほか、生活保護の医療扶助や公費負担医療、労災保険の医療給付が含まれる。「年金」には、国民年金・厚生年金のほか、旧共済年金・恩給や旧船員保険年金あるいは労災保険による年金も含まれている。「福祉その他」には、介護保険給付、老人･児童･障害者などへの各種福祉サービス、生活保護による扶助（医療扶助以外)、児童手当・児童扶養手当などの各種手当がある。

社会保障制度は、国民の生活を脅かす要因から共同の拠出によって生活を守るという機能のほかに、富の再配分という経済機能がある。

自由主義経済において、個々の国民の中に所得の高低差が生じるのは必然である。しかし、あまりにも大きな所得格差があるのは、社会の安定にとって好ましくない。所得の多い国民（経済主体）から所得の少ない国民に所得を移転し、高低差を緩やかにする必要がある。また、その移転を通じて、所得（能力）に応じた社会的な支え合いへの拠出を図り、同時にその支え合いを受けるという側面もある。

社会保障では、医療保険・公的年金・介護・子育て支援等への拠出と給付を通じて所得の移転がなされる。

2. 医療保障

医療保障とは、社会保障のうち医療に関する保障を指す。医療費の保障の意味で用いられることが多い。

医療費の保障は、大きく医療保険制度と公費負担医療から成る。わが国の医療保険制度は、おおむね職業別に健康保険・国民健康保険・共済組合短期給付・船員保険等があり、社会保険制度として被保険者や事業主からの保険料拠出と公費を財源としている。原則として全国民がなんらかの医療保険の対象となる国民皆保険制度が、1961年に確立した。公費負担医療は、生活保護のうちの医療扶助の他に、障害児者・感染症患者・戦傷病者・難病患者などに対する医療費軽減と治療研究を目的とする政策医療から成り、医療保険制度を補完している。

3. 所得保障

社会保障制度としての所得保障は、公的扶助制度と公的年金制度が代表的である。

戦後の社会保障は、戦災等に起因する生活困窮者や戦傷病者への貧困救済・生活再建から始まったと言える。まず憲法第25条の生存権の精神を実現すべく生活保護制度の確立に力が注がれた。戦後しばらくは、国家予算においても、生活保護費支出が大きな割合を占めていた。一方で、公的年金は機能停止状態であった。

戦後復興とともに社会も安定し、平均寿命も延び、高齢化率が上昇した。さらに、家族形態や扶養に関する意識の変化から、高齢者の経済生活を保障するものが私的扶養から社会保障としての所得保障へと大きく変貌した。老後の所得保障の大きな割合を占めるのが、公的年金制度となった。戦後の混乱が収まり社会が安定するとともに、公的扶助の占める割合は社会保障給付費において相対的に減少したが、公的年金の給付割合が大きくなっていった。国民皆年金体制も1961年に完成した。公的年金制度の充実と高齢化のさらなる進行により、社会保障に占める公的年金給付への支出が年とともに増大している。

所得保障には、①所得そのものを保障する制度、②労働能力を失ったことに対する「補償」の２つに分けることができる。①の具体例としては、公的年金・雇用保険・公的医療保険（傷病手当金）などによる給付があり、最終的には公的扶助により保障される。②は、労働者災害補償保険法による給付がある。

第2節　社会保険の役割

1．社会保険の沿革

社会保険は、19世紀後半ドイツのビスマルクにより制度化された。当時のドイツは、産業革命がイギリスより50年以上遅れて起こり、イギリスに追いつけ追い越せをスローガンに「産業化」「工業化」の進展に力を注いだ。この影響により、多くの労働者が過酷な労働を強いられ、炭鉱や工場で勤務した。労働者たちは、自らの労働条件・待遇を求めて団結し、資本家に自らの要望を要求した。いわゆる労働運動が活発に展開されたのである。

当時の首相ビスマルクは、国民の不満をなだめるため、労働運動、社会主義運動を弾圧し、「あめとむち」の政策を実施した。あめは、今日でいう「医療保険」「年金保険」を創設し、むちは「社会主義者鎮圧法」を制定した。この制度が世界で初めての「社会保険」であり、20世紀以降世界に拡充され、わが国も現在は「社会保険」中心の国として機能している。

2．社会保険とは何か

社会保険は、私たちの人生の途上に起こる傷病や死亡、失業、介護等を社会的事故と見なし、その社会的事故を社会全体で支えるものである。いわゆる貧困を防ぐ「防貧機能」が備わっている。

この制度は、私たち国民からあらかじめ保険料を徴収する。社会保険は強制保険であるので、基本的にある条件を満たせば、すべての国民が加入しなければならない。また同保険は、「民間保険」と同じように社会的事故の発生率に基づいて保険料が設定されている。しかし「民間保険」と異なり、低所得者には手厚く公費等を投入し、保険料の負担が過度に大きくならないしくみになっていることが同保険の特徴である。

労働者（会社員、公務員）の場合、年収に定率を掛けた金額が保険料であるが、その保険料は、事業主と本人で半分ずつ負担する。自営業者の場合は、基本的には事業主の負担がないので本人のみの負担となるが、定額の負担が多い。

3．年金制度のしくみ

公的年金制度のしくみは「２階立て」である（**図表１**）。「1階」にあたるのが「国民年金」で、現役世代は全て国民年金の被保険者となり、

図表１　公的年金制度のしくみ

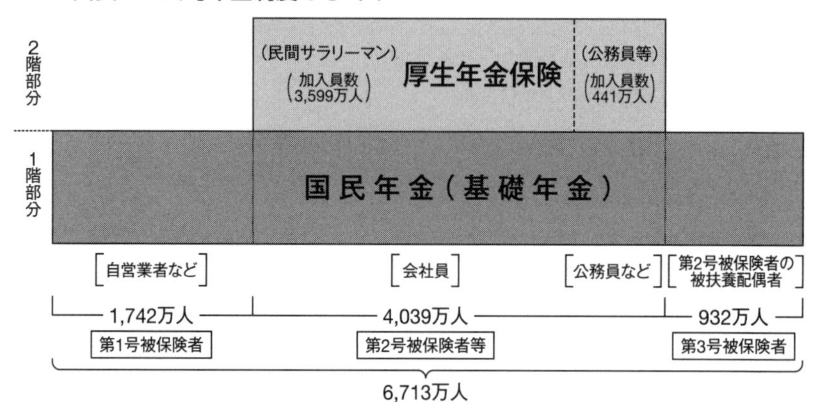

（注）1　数値は2015（平成27）年３月末現在。

2　厚生年金には、被用者年金制度の一元化にともない、2015年10月１日から公務員及び私学教職員も加入。また、共済年金の職域加算部分は廃止され、新たに年金払い退職給付が創設。ただし、2015年９月30日までの共済年金に加入していた期間分については、2015年10月以後においても、加入期間に応じた職域加算分を支給。

3「第２号被保険者等」とは「被用者年金被保険者」のことをいう（第２号被保険者のほか、65歳以上で老齢または退職を支給事由とする年金給付の受給権を有する者を含む）。

出典：厚生労働省ＨＰ「「公的年金制度の概要」」を基に作成

高齢になれば基礎年金の給付を受ける。「２階」にあたるのが「厚生年金」で、民間サラリーマンや公務員等は「国民年金」に加えて「厚生年金」に加入し、基礎年金の上乗せとして所得に応じた給付（報酬比例年金）を受ける。

2015年の法改正により、公務員および私学教職員が加入していた「共済年金」は、民間企業で働いている者が加入している「厚生年金」に統一された。

４．国民年金と共済年金

国民年金は国内に居住する20歳から60歳までの国民全員が加入するしくみであり、強制加入である。加入者は、自営業や学生等が「第１号被保険者」、民間企業のサラリ－マン、公務員は「第２号被保険者」、第２号被保険者に扶養されている者は「第３号被保険者」として区分されている。

国民年金の保険料は、月額１万6260円（2016年）であり、会社員、公務員は厚生年金の保険料の中に含まれている。

共済年金の種類は、「老齢厚生年金（退職共済年金）」「障害厚生年金（障害共済年金）」「遺族厚生年金（遺族共済年金）」の３種類で構成されている。国民年金との違いは、「報酬比例年金」のため、定額ではなく、それぞれの加入者によって年金額が異なる。

①老齢基礎年金

この年金の受給資格は、国民年金加入が25年以上であるが、2017年より10年に短縮される予定である。20歳から60歳までの40年加入で月額約6万5000円が支給される。終身の年金であり、高齢者の一般的な生計費を基に算定されている。

②障害基礎年金

身体障害、知的障害、精神障害、発達障害等の者が対象であり、１級（最重度）、２級（重度）の者に支給され、支給額は１級で月額約８万1000円、２級で月額約６万6000円（2016年）である。

要件は、基本的に国民年金加入から障害を負うまでの全期間の３分の２の加入か、障害を負う前の１年間、保険料納付のどちらか１つが該当することが必要である。

③遺族基礎年金

この年金の対象の子の年齢は０歳から高校を卒業する３月末であり、この年金は子の養育費の機能を備えている。年金額は、「妻または夫と子１人」のケースで月額約８万3700円（2016年）であり、子が増えれば年金額が加算される。

５．健康保険

わが国は、全ての国民がなんらかの健康保険に加入する「国民皆保険（かいほけん）制度」を導入しており、私たちが病気やけがをしたときは、医療保険のサービスを受けている。

図表２　公的医療保険の給付内容（2015年１月現在）

<table>
<tr><th colspan="2">給付</th><th>国民健康保険・
後期高齢者医療制度</th><th>健康保険・共済制度</th></tr>
<tr><td rowspan="4">医療給付</td><td>療養の受付
訪問看護療養費</td><td colspan="2">義務教育就学前：8割、義務教育就学後から70歳未満：7割、
70歳以上75歳未満：8割（現役並所得者（現役世代の平均的な課税所得（年145万円）以上の課税所得を有するもの）：7割）
75歳以上：9割（現役並み所得者：7割）</td></tr>
<tr><td>入院時食事療養費</td><td colspan="2">食事療養標準負担額：
一食につき260円
低所得者：　一食につき210円
（低所得者で90日を超える入院：　一食につき160円）
特に所得の低い低所得者（70歳以上）：　一食につき100円</td></tr>
<tr><td>入院時生活療養費（65歳～）</td><td colspan="2">生活療養標準負担額：
一食につき460円（*）+320円（居住費）
（*）入院時生活療養（Ⅱ）を算定する保険医療機関では420円
低所得者：
一食につき210円（食費）+320円（居住費）
特に所得の低い低所得者：
一食につき130円（食費）+320円（居住費）
老齢福祉年金受給者：
一食につき100円（食費）+0円（居住費）
注：難病等の患者の負担は食事療養標準負担額と同額</td></tr>
<tr><td>高額療養費（自己負担限度額）</td><td colspan="2">70歳未満の者
（括弧内の額は、4ヶ月目以降の多数該当）
<年収約1,160万円～>
252,600円+（医療費－842,000）×1%　（140,100円）
<年収約770～約1,160万円>
167,400円+（医療費－558,000）×1%　（93,000円）
<年収約370～約770万円>
80,100円+（医療費－267,000）×1%　（44,400円）
<～年収約370万円>
57,600円　（44,400円）
<住民税非課税>
35,400円　（24,600円）

70歳以上の者
入院　／　外来【個人ごと】
<現役並み所得者>
80,100円+（医療費－267,000）×1%（44,400円）　44,400円
<一般>
44,400円　12,000円
<低所得者>
24,600円　8,000円
<低所得者のうち特に所得の低い者>
15,000円　8,000円</td></tr>
<tr><td rowspan="4">現金給付</td><td>出産育児一時金</td><td colspan="2">被保険者又はその被扶養者が出産した場合、原則42万円を支給。国民健康保険では、支給額は、条例又は規約の定めるところによる（多くの保険者で原則42万円）。</td></tr>
<tr><td>埋葬料</td><td colspan="2">被保険者又はその被扶養者が死亡した場合、健康保険・共済組合においては埋葬料を定額5万円を支給。また、国民健康保険、後期高齢者医療制度においては、条例又は規約の定める額を支給（ほとんどの市町村、後期高齢者医療広域連合で実施。1～5万円程度を支給）。</td></tr>
<tr><td>傷病手当金</td><td rowspan="2">任意給付
（実施している市町村、後期高齢者医療広域連合はない。）</td><td>被保険者が業務外の事由による療養のため労務不能となった場合、その期間中、最長で1年6ヶ月、1日に付き標準報酬日額の3分の2相当額を支給</td></tr>
<tr><td>出産手当金</td><td>被保険者本人の産休中（出産日以前42日から出産日後56日まで）の間、1日に付き標準報酬日額の3分の2相当額を支給</td></tr>
</table>

（注）１　2008（平成20）年４月から70歳以上75歳未満の窓口負担は１割に据え置かれていたが、2014年４月以降新たに70歳になる被保険者から段階的に２割となる。

２「出産育児一時金」について。後期高齢者医療制度では出産に関する給付がない。また、健康保険の被扶養者については、家族出産一時金の名称で給付される。共済制度では出産費、家族出産費の名称で給付。

３「埋葬料」について。被扶養者は「家族埋葬料」の名称で給付、国民健康保険・後期高齢者医療制度では、「葬祭費」の名称で給付。

出典：厚生労働省ＨＰ「我が国の医療保険について」を基に作成

医療保険は、基本的には診療報酬が規定され、医科、歯科、薬科等において1点10円ですべての医療行為が点数化されており、保険給付7割を受ける。3割は自己負担（6歳に達する日以後の最初の3月31日以前および70歳以上75歳未満は2割、75歳以上は1割、現役並みの所得がある場合は3割）となっている。

医療保険は、職域によってどの保険に加入するか決まっており、大企業のサラリーマンは「組合管掌健康保険」、中小企業サラリーマンは「全国健康保険協会（協会けんぽ）」、自営業者は「国民健康保険」に加入している。弁護士や税理士のような自営業でも、国の認可を受ければ「国民健康保険組合」に加入することができる。同保険は「療養の給付」等が中心であるが、「傷病手当金」「出産手当金」「出産育児一時金」等に金銭給付もあり、私たちの生活困窮を防止している（**図表2**）。

その他に、75歳以上を対象とした「後期高齢者医療制度」も2008年に施行されており、独自の保険制度が創設された。高齢者一人ひとりから所得に応じて保険料を徴収している。

6．介護保険

高齢化の進展により要介護者が著しく増加したが、基本的には家族が介護に対応してきた。しかし、「老々介護」「認々介護」のように介護が家族問題として露呈し、社会問題まで発展した。このような問題を解決するために、1997年「介護保険法」が制定され、2000年より同保険が施行された。

同保険は、40歳以上の者が対象である。保険者は、市町村、東京23区であり、介護保険給付のサービスや施設の基盤整備を行い、介護保険の責任主体者となっている。本人、もしくは家族等が市町村に申請をし、要介護認定を受け、要介護度が決定される。要介護度の目安は、1日の介護の時間をモデルとしている。介護支援専門員（ケアマネジャー）は、本人、家族等の意見を聞き、ケアプランを作成し、介護給付を受ける。

介護給付は、かつては9割で本人負担は1割であったが、2015年8月以降、一定以上の所得がある人は、2割本人負担となった。

7．雇用保険

私たちが失業したときの失業手当や職業訓練、育児、介護休暇等にかかる生活保障等、雇用・就職に関するサービスを提供している。対象者は、事業所、法人等で雇用されている労働者等である。サービスは、失業したときの生活を補償する「求職者給付」、求職者活動を支援する等の「就職促進給付」、就職するための資格取得を支援する「教育訓練給付」、また育児休暇や介護休暇等の所得の一部を補償する「育児休業給付」「介護休業給付」などがある。雇用保険料は1～2%であり、給与等に課せられるが、労働者と事業者で負担している。また事業者には、雇用保険2事業があり、「雇用安定事業」「能力開発事業」では、労働者の生活の安定や職業訓練等のため、これらの事業については事業主の保険料等によって運営されている。

8．労災保険

労働者の仕事上あるいは通勤途上のけが、病気、障害、死亡等に対する生活補償である。保険給付は、死亡、傷病等によって一時金や年金制度が規定されている。事業の種類によって保険料率が異なり、建設業等の労災事故が多い職種は保険料率が高くなっている。メリット制度もあり、過去5年間において労災事故がない場合は、保険料率が引き下げられるしくみも規定されている。

第3節 社会保障制度の課題

1. 扶　養

扶養概念は、私的扶養と公的扶養に二分することができる。私的扶養は民法に基づく扶養であり、親族関係に伴い発生する。民法は親族の扶養義務を定めている。一方、公的扶助の基本法たる生活保護法では、公的扶助の補充性が定められ、親族扶養が優先することとされている。生活保護法第4条第2項は「民法に定める扶養義務者の扶養及び他の法律に定める扶助は、すべてこの法律による保護に優先して行われるものとする」と定めている。また、公的医療保険や公的年金などの社会保障制度が充実し、それによる社会的な相互扶助制度により私的扶養が代替されつつある。

社会保障構造改革では、①国民経済と調和しつつ社会保障に対する国民の需要に適切に対応すること、②個人の自立を支援する利用者本位のしくみの重視、③公私の適切な役割分担と民間活力の促進、が改革の基本的方向として挙げられている。社会保障の分野でも、公的年金が高齢者の生活を支える柱であることには変わりはないが、それを補う自助努力が求められている。広い意味での自助努力の中に扶養がある。公的扶助を中心に、社会保障制度に依存するのみではなく、本人が自助・自立を図るとともに、その扶養義務者による扶養義務の適切な履行も求められている。

2. 国民年金の空洞化とその対策

厚生労働省の統計によると、2014年度は国民年金保険料の納付率が63.1%であった。未納者は224万人、未加入者が9万人に上る。国民年金の納付率の低下は、年金制度の空洞化をもたらし年金財政の危機となるだけではなく、将来の無年金・低年金者の原因となり、公的扶助支出の増加の一因となる。また、支払い能力がありながら納付しないのは、国民の支え合いとしての社会保険制度の観点からも不公平である。納付率の向上と過去の未納・未加入の解消方策が求められる。

過去5年分まで国民年金保険料を納めることができる国民年金保険料の後納制度がある。国民年金保険料を国が徴収できる期間は納付期限から2年である。すなわち、国民年金保険料は、本来、2年間で時効によって納めることができなくなる。それを2015年10月から2018年9月までの3年間に限り、過去5年分まで納めることができることとしている制度が国民年金保険料の後納制度である。

3．後期高齢者の医療費負担

後期高齢者医療制度は、保険料負担のあり方や年齢区分について批判も少なくないが、高齢者と現役世代の医療費の区分を明確にし、現役世代からの支援を受け安定的な国民皆保険制度を維持するために欠くことのできないしくみである。

後期高齢者医療制度改善の方向性としては、①65歳以上を対象とし、前期・後期を通した高齢者医療にする、②被用者保険に加入している場合は、配偶者も含め被用者保険に引き続き加入できるようにする、③公費投入を増やす、などが求められている。併せて、保険者の再編を図り財政基盤を強化することも必要と考えられる。

なお、現在の後期高齢者医療制度をいったん廃止して、従来の老人保健制度に戻すことは現実的ではない。高齢者人口の増大に伴い、高齢者医療にかかる費用は大幅な自然増が見込まれる。現役世代からの支援を得るためには、高齢者世代自身の努力が欠かせない。すなわち、自己負担を増加させること、医療費の抑制、高齢者医療の給付の見通しをはっきりさせることが必要となる。

また、引退しているか現役かの区分は相対的な概念である。75歳を超えていても現役で就労している者が存在する。これら就労している者には、被用者保険に加入し支える側に回ってもらう必要がある。それに伴う事業主負担も必要となる。

他方、健康保険組合や協会けんぽからの負担をこれ以上増加させることは困難である。そのため、公費投入の拡大が求められる。これには、社会保険料以外の恒久的な財源が必要である。税制の面からの財源調達の具体像を示すことが求められている。

4．社会保障財源の確保

現在、社会保障と税の一体改革が進められている。2012年８月に成立した「社会保障の安定財源の確保等を図る税制の抜本的な改革を行うための消費税法等の一部を改正する等の法律」により、消費税法の一部が改正される。2014年４月から施行されるものとして、消費税率を４%（地方消費税１%と合わせて５%）から6.3%（地方消費税1.7%と合わせて８%）への引き上げがある。これに併せて、消費税の使途が明確化される。消費税の収入については、地方交付税法に定めるところによるほか、毎年度、制度として確立された年金・医療・介護の社会保障給付および少子化に対処するための施策に要する経費に充てられる。消費税率は6.3%から7.8%（地方消費税2.2%と合わせて10%）に引き上げられることとなっており、消費税増税分が社会保障の充実に用いられることが明らかにされているが、増税時期は2019年10月まで延期されている。

これまで社会保障財源として、各種保険料の引き上げ、自己負担割合の増加、事業主の拠出などが行われてきた。しかし、経済の低迷やそれに伴う所得の伸び悩み、人口の高齢化によって、経済情勢に左右されにくい安定した財源が求められている。消費税収入は、その安定した財源になると考えられる。

【参考文献】

井村圭壯・相澤譲治編著『社会福祉の理論と制度』（福祉の基本体系シリーズ）勁草書房、2010 年

井村圭壯・相澤譲治編著『社会福祉の成立と課題』勁草書房、2012 年

厚生労働省編『厚生労働白書〔平成 24 年版〕― 社会保障を考える』日経印刷、2012 年

厚生労働統計協会編『国民の福祉の動向 2011/2012』厚生労働統計協会、2011 年

国立社会保障・人口問題研究所 編『社会保障統計年報〔平成 24 年版〕』法研、2012 年

社会福祉士養成講座編集委員会編『福祉行財政と福祉計画〔第３版〕』（新社会福祉士養成講座）中央法規出版、2012 年

松井圭三編『新版よくわかる社会福祉概論』大学教育出版、2007 年

松井圭三・小倉毅編『社会福祉概論』ふくろう出版、2007 年

厚生労働省ホームページ「公的年金制度の概要」
http://www.mhlw.go.jp/stf/seisakunitsuite/bunya/nenkin/nenkin/zaisei01/（2016 年 11 月 25 日最終閲覧）

厚生労働省ホームページ「我が国の医療保険について」
http://www.mhlw.go.jp/stf/seisakunitsuite/bunya/kenkou_iryou/iryouhoken/iryouhoken01/（2016 年 11 月 25 日最終閲覧）

社会福祉の法体系

山田　昇

第*1*節　社会福祉法制の特徴

1．社会福祉の法体系とその発展過程

社会福祉の営みは、その時代の政治・経済・社会情勢などの変化とそれらから生じる国民の生活福祉問題に対応すべき国・地方自治体の責務として関係する法律や条例が定められ推進されてきた。

図表１　社会福祉の法制度の発展過程

0 戦前の社会福祉制度	社会の情勢
1874年　恤救規則（社会福祉の萌芽） ・家族、隣人などによる私的救済が中心、「無告の窮民」（他に寄る辺のない者）のみ公が救済	
1929年　救護法（公的扶助の原型） ・初めて救護を国の義務としたが、財政難のため実施を延期（1932年施行）。権利性はない ・貧困者のうち怠惰・素行不良の者は対象外	世界恐慌により、貧困者が増大
1938年　社会事業法（社会福祉事業法の前身） ・救貧事業、養老院、育児院など私設社会事業に助成（優遇税制、補助金支出） ・施設の濫立や不良施設防止を目的に規制	昭和不況により、私設社会事業の資金が枯渇 第二次世界大戦
1 戦後社会福祉制度の確立期	
○福祉三法体制（戦後急増した貧困者対策）	引揚者、戦災孤児、戦争による身体障害者が多数生じた
1946年　（旧）生活保護法（引揚者等貧困者対策）	「6項目原則」
1947年　児童福祉法（浮浪児、孤児対策）	「社会保障制度に関する勧告」
1949年　身体障害者福祉法（戦争による身体障害者対策）	
1950年　生活保護法（貧困者全般を対象、生存権保障を明確化）	
1951年　社会福祉事業法（社会福祉事業の範囲、社会福祉法人、福祉事務所などの基盤制度を規定）（2000年に社会福祉法に改正）	
2 拡充期	
○福祉六法体制（低所得者から一般的なハンディキャップを有する者に対象を拡大）	高度成長の実現による国民の生活水準の向上
1960年　精神薄弱者福祉法（1999年に知的障害者福祉法に名称変更）	国民皆保険・皆年金の達成（1961年）
1963年　老人福祉法	高齢化、核家族化、サラリーマン化、女性の社会進出が進む
1964年　母子福祉法（1982年に母子及び寡婦福祉法に名称変更）	
1971年　児童手当法	
1973年　老人医療無料化（福祉元年）	

これらの法律を大別すると、社会福祉事業全体の理念・目的・組織・財政などの基本的・共通的事項を規定した法律（社会福祉法）と、対象別に具体的な支援などを定めた法律（生活保護法・児童福祉法・身体障害者福祉法・知的障害者福祉法・老人福祉法など）がある。また、対象別の法律から特定の問題に対応するため定められた法律（児童虐待防止法・介護保険法など）がある。

これらの法律制定の時期や背景などは異なるが、その基本的な理念や目的の根拠は憲法第25条の生存権の保障にある。また、幸福追求権を規

3 見直し期		
○第2臨調に基づく福祉の見直し		石油ショックの勃発
1980年	第2臨調設置、社会福祉を含む行財政改革を提言	赤字国債が財政を圧迫
1982年	老人保健法	基礎年金制度の導入（1986年）
1987年	社会福祉士及び介護福祉士法	
4 改革期		
○平成福祉改革		平成バブル不況
1989年	福祉関係三審議会合同企画分科会意見具申 ・福祉サービスの供給主体のあり方 ・在宅福祉の充実と施設福祉との連携強化 ・市町村の役割重視	少子・高齢社会の本格化に伴う福祉需要の増大・多様化
	ゴールドプラン策定	
1990年	社会福祉関係八法改正 ・在宅福祉サービスの積極的推進 ・福祉サービスを市町村に一元化	
1994年	高齢者介護・自立支援システム研究会報告	
	エンゼルプラン策定	
1995年	障害者プラン策定	
1997年	児童福祉法改正法成立	「失われた10年」
	介護保険法成立	
2000年	社会福祉事業法等改正（社会福祉事業法→社会福祉法に改正）	地方分権の推進
5 現在の段階		
2003年	支援費制度	非正規雇用の増大
	地域福祉計画	「三位一体改革」
2005年	障害者自立支援法成立（2012年、障害者総合支援法に改正）	財政赤字の顕在化
2013年	障害者差別解消法	
	生活困窮者自立支援法	

出典：厚生省社会・援護局企画課監修『社会福祉基礎構造改革の実現に向けて──中央社会福祉審議会社会福祉構造改革分科会中間まとめ・資料集』中央法規出版、1998年、p.124等を基に作成

定した第13条、法の下の平等を規定した第14条も社会福祉の法律に共通する基本理念として理解する必要がある。

わが国における社会福祉法制度の発展過程を、背景となる社会経済情勢などの動向を基準に、便宜的・概略的に整理すると、**図表1**のようになる。具体的には、①終戦後の混乱期に整備された「戦後社会福祉制度の確立期」、②高度経済成長期の「福祉の拡充期」、③石油ショックによる経済の低成長期の「福祉見直し期」、④平成バブル不況と本格的な少子・高齢社会に伴う福祉需要の増大・多様化に対応する「改革期」、⑤改革期を経て、新たに生じた生活福祉問題や人権擁護に向けた取組みの「現在」の5段階に大別できよう。

現在の状況を概観すると、1989年以降の一連の社会福祉制度改革（社会福祉基礎構造改革）の検証、およびそこから提起された問題と課題に対応するさまざまな制度改正とその取り組みがなされている時期と言える。

2．社会福祉基礎構造改革

図表1に掲げたように、わが国の社会福祉は、その時代の社会経済情勢の変化を背景として、生活保護法、児童福祉法、身体障害者福祉法の「福祉三法の時代」からスタートした。その後、高度経済成長などにより拡充が図られ、精神薄弱者福祉法（現·知的障害者福祉法)、老人福祉法、母子福祉法（現・母子及び寡婦福祉法）が制定されて「福祉六法時代」となり、これらに共通する基本的事項を定めた社会福祉事業法（現・社会福祉法）が制定され推進されてきた。これらの法律によるサービス提供の原則は、対象者の申請によって市町村が調査を行い、その権限に基づいてサービスを決定する「措置方式」であった。

しかしながら、国民の生活環境は、都市化、少子・高齢化、核家族化の進行と扶養意識の変化などによって急速に変化し、生活福祉問題も複雑・多様化して、戦後間もなく貧困者等を対象として制定されたこれまでの法律・制度の枠組みで対応することが困難になってきた。

図表２　改革の基本的方向と理念

（1）改革の必要性

〈福祉を取り巻く状況〉

○社会の変化に伴う福祉需要の増大・多様化
○国民全体の生活の安定を支える福祉への期待
○信頼と納得の得られる質の確保と効率化の必要性

〈社会福祉制度〉

○基本的枠組みを50年間維持
↓
時代の要請にそぐわない

・低所得者等を対象にした行政処分による一律のサービス提供
・福祉事務所等の役割が地域の福祉需要に対応していないこと

社会福祉の基礎構造を抜本的に改革

（2）基本的考え方

改革の基本的方向

①サービスの利用者と提供者の対等な関係の確立
②個人の多様な需要への地域における総合的支援
③信頼と納得が得られるサービスの質と効率性の確保
④幅広い要望に応える多様な主体の参入促進
⑤住民の積極的な参加による豊かな福祉文化の土壌の形成
⑥情報公開等による事業運営の透明性確保

↓

社会福祉の理念

自己責任に委ねることが適当でない問題に
社会連帯に基づく支援
↓
自己実現と社会的公正

出典：厚生省社会・援護局企画課監修『社会福祉基礎構造改革の実現に向けて―中央社会福祉審議会社会福祉構造改革分科会中間まとめ・資料集』中央法規出版、1998 年、p.125 を基に作成

これらの変化に対応する新しい社会福祉の構築に向けて、1980年代から社会福祉の見直しが始まり、1989年、厚生省（現・厚生労働省）に福祉三審議会の合同企画分科会から、「今後の社会福祉のあり方」についての意見具申が出され、これ以後、急速に福祉改革が進められるようになる。意見具申の主な内容は、①社会福祉事業の範囲の見直し、②福祉サービス供給主体のあり方、③在宅福祉の充実と施設福祉との連携、④施設福

祉の充実、⑤市町村の役割重視である。

国は、この意見具申を受けて1990年、「福祉八法の改正」を行い、①在宅サービスの推進、②福祉サービス供給権限の市町村一元化、③老人保健福祉計画の策定、④障害者関係施設の範囲拡大等を図った。

福祉関係法の改正や対象別計画の策定の中で、1951年、戦後まもなく制定された社会福祉事業法や福祉サービスの供給システムなどについて抜本的に見直す必要性が生じ、国は、1999年中央社会福祉審議会の「社会福祉基礎構造改革について」により改革を推進することとした。

「構造改革」は文字どおり、これまでの社会福祉事業の理念、目的、事業の範囲、サービス利用システムなどを「基礎」から改革するもので、個人の尊厳の尊重、利用者本位の考え方等が強く影響したものと言えよう。この基礎構造改革の結果が、「社会福祉事業法」の全面改正につながり、2000年5月、「社会福祉法」が成立した。社会福祉基礎構造改革から社会福祉法制定に至るまでの改革の必要性、基本的な考え方などは**図表2**のとおりである。

3. 措置制度と利用契約制度

福祉サービスは、基本的にはサービス受給対象者のニーズに基づいて提供されることが望ましい。今日では、保育所への入所制度、高齢者・障害者・母子福祉分野などは大部分が利用者と事業者が直接契約を結ぶ「契約方式」への移行が進んでいる。

しかし、このような利用契約方式がサービスの受給に導入されたのは、1998年の保育所入所措置制度の廃止以降からである。

措置制度は、行政庁（都道府県・市町村）が行う行政上の処分を指すもので、社会福祉領域においては、行政庁（実際には首長から権限が委任されている福祉事務所や児童相談所などの第一線機関）が社会福祉対象者に対して、各関連福祉法等に基づいて福祉サービスの可否・種類・内容などを調査し決定するもので、施設入所や在宅サービスの利用などは、この方式（措置制度という）によって行われていた。その具体的なものが、老人福祉法による特別養護老人ホームへの入所、児童福祉法による虐待など家庭で養護することが困難な児童の「児童養護施設」への入所措置、精神保健福祉法第29条で規定されている自傷他害の恐れのある精神障害者の精神病院への「措置入院」（ただし、2名の精神保健指定医の診察結果が一致した場合）などである。

このように措置制度は、その対象者に対し行政がその必要性などを判断してサービス受給を決定するものであり、戦後50年以上にわたり社会福祉制度の根幹をなすものであった。

また、これまで社会福祉事業の運営主体は行政と社会福祉法人に限定され、それ以外は社会福祉事業と認められていなかった。しかし、社会経済情勢の変化、本格的な高齢社会の到来など社会福祉を取り巻く環境が大きく変化し、行政の対応の遅れや行政サービスで対応できないサービスを補完するものとして、無認可保育所、有料老人ホーム、民間事業所、NPOなど行政の措置によらない有償サービスが、利用者との契約により実施されるようになった。

これらの行政サービス以外の多様な福祉サービスは、利用者自らが自分に必要なサービスを選択し契約して受給するものであり、「利用者本位」と言うことができよう。

社会福祉基礎構造改革の背景などについては第1節で述べたが、その基本的な考え方として、「幅広い要望に応える多様な供給主体の参入促進」と「利用者と提供者の対等な関係の確立」を挙げている。これらは利用者がサービス受給の主体として自らの希望や意志によってサービスの選択・受給を決定することにつながる。

このような考え方が強く提起され、措置制度によるサービス選択の制約、受給手続きの煩雑さなどのデメリットを解消し、「利用者本位」「個人の意向の尊重」の視点から新しいサービス受給システムとして導入されたのが「利用契約制度」である。

この制度の具体的なものが、介護保険法による介護サービスの利用、障害者総合支援法によるサービス、保育所の入所などである。ただし、福祉の全てに導入されているものではなく、老人福祉法による養護老人ホームへの入所、児童福祉法による児童養護施設・児童自立支援施設への入所など、行政が責任を持って利用者の福祉のために対応しなければならないサービスなどについては措置制度が残っていることに留意する必要がある。

4. 地方分権と社会福祉

わが国の社会福祉制度は国（厚生労働省）⇒都道府県⇒市区町村の流れの中で対応してきた。その代表的な事務が、生活保護法の施行事務であろう。生活保護法は憲法第25条の生存権を保障するもので、本来、国が直接行う事務であるが、法律により地方自治体の長（首長）にその権限が委任され、自治体は国の機関として事務を行うとされていた。これを「機関委任事務」という。この事務は、自治体が国の一機関として事務を担当し、その監督権限は国に属していた。

地方分権の考え方は、中央省庁の権限をできるだけ住民に近い自治体に移譲し、地方の実態に合った行政の柔軟かつ効率的な運営を図るもので、1999年の地方分権一括法によって多くの権限が移譲された（生活保護事務も「団体委任事務」とされている）。

社会福祉サービスの対象となる生活福祉問題の対応・解決には、住民に直結する身近な市区町村が対応すること望ましいし、効率的である。そのため都道府県の権限も、できるだけ市区町村に移譲（委任）する傾向にある。

これは、社会福祉八法の改正や社会福祉基礎構造改革の「市町村の役割重視」の具体化に他ならないが、問題点も少なくない。権限移譲は、地方自治の本旨からすれば当然であるが、移譲された事務・事業を執行するための財政、専門職員の確保など各種の支援がなければ、結果として「市区町村間の格差」が生じることになる。今後、国・県・市区町村の役割分担・連携・協働などについての検証が求められよう。

第2節 社会福祉法

1．社会福祉事業法から社会福祉法へ

社会福祉法は、社会福祉事業の全分野に共通する事項を定めた基本的な法律で、社会福祉事業の範囲、社会福祉審議会、福祉事務所、社会福祉主事、指導監督及び訓練、社会福祉法人、共同募金、社会福祉協議会、地域福祉計画の策定等について規定している。

この法律は、戦後間もない1951年に制定された社会福祉事業法を、第1節で述べた社会経済情勢の変化に対応すべく、一連の社会福祉基礎構造改革の中で、2000年、法律名を含めて抜本的に改正・施行された。

この法律では、福祉サービスの基本的理念として、個人の尊厳の尊重と自立支援、良質かつ適切なサービスの提供を定め（第3条）、福祉の目的を地域福祉の推進として、福祉サービスを必要とする住民の社会、経済、文化、その他あらゆる活動への参加促進を図る地域福祉を推進し（第4条）、また福祉サービス提供の原則として、利用者の意向の尊重、保健医療などの総合的サービスの提供（第5条）を規定している。

これらの基本的事項は、対象者別の法律によるサービスに共通するものであり、あらゆる分野・領域で「個人の尊厳の尊重」「地域福祉の推進」「総合的なサービスの提供」が図られつつある。

2．利用者主体

それまでの社会福祉サービスは措置制度が中心で、利用者が求めるサービスを自ら選択し受給することは困難であった。しかし、社会福祉

基礎構造改革の一連の流れの中で、利用者主体の考え方が強く提起され、利用者の意向を尊重する選択方式の導入が図れるようになった。

その具体的なものが、1997年の介護保険法の介護サービスである。介護サービスは、要介護（要支援）と認定された高齢者がサービス内容等の情報に基づき、自らサービス提供事業者を選択し、契約して受給するもので、「利用者の意向の尊重」に他ならない。

また、利用者主体の考え方は利用者の意向の尊重につながるが、これまでの福祉サービスは実態として、ともすれば受給者が弱い立場にあったことは否定できない。これには、これまでの措置制度の本質が存在すると考えられる。今日では、苦情解決制度や権利擁護制度、さらに受給者の権利意識の高まりなどから、しだいに払拭されつつあるが、全ての分野、特に入所型施設の分野では十分とは言えない状況にあり、サービス提供事業者・従事者の意識の変革が求められよう。

ただし、認知症や障害などによって判断能力が不十分なため、自ら選択・契約することが困難な人も少なくない。これらを補完するための成年後見制度や日常生活自立支援事業などを積極的に活用することが、利用者主体の考え方からも重要である。

３．地域福祉

わが国の社会福祉は、社会福祉六法に基づき、対象者別に多様なサービスが提供されてきた。またこれまでの福祉といえば「施設入所」という考え方が主流であったと言えよう。

しかし、ノーマライゼーションの考え方からすれば、できるだけ生活の基盤である「地域社会の中で暮らし続けていくこと」を目指すべきであり、そのためには「福祉コミュニテイの形成」と「福祉活動への住民参加」が必要となる。福祉サービスを必要とする人々も、地域社会の一員として、社会・経済・文化その他の活動に参加できるようにすることが必要であり、それらの人々を受け入れる地域社会の形成が重要となる。

今日の地域社会は、都市化・過疎化などにより住民相互の連帯感や共に助け合う風土が弱くなり、一人暮らしの高齢者の「孤独死」や児童の「虐待」などの発見や支援が困難になってきている。このような中で、高齢者などの生活福祉問題を行政に任せるだけではなく、地域住民、民間社会福祉事業・団体などが協働して支援していくことが求められる。それには、住民参加が重要であり、活動を推進する地域の組織化などを図る必要がある。現在、社会福祉協議会やNPO、ボランティア、自治会などの組織が協働して、①生活に必要なサービスの提供、②生活環境の改善、③活動組織の組織化、など多様な活動を展開している。

また、これらの活動を計画的に推進するため、行政は地域福祉計画、社会福祉協議会は地域福祉活動計画を策定することが求められている。しかし、障害福祉計画など対象者別の計画は比較的理解しやすいものの、地域全体を対象とする地域福祉計画（活動計画）については、行政・住民・関係組織の十分な理解が得られず、策定がなされていない自治体も少なくない。

社会福祉法は、これからの福祉の原点を「地域福祉」として位置づけ、生活の場である地域社会をベースに多様な福祉活動の展開を目指しており、今後、生活福祉問題の把握と総合的なサービスの創造・開発を図る必要がある。地域福祉の推進は、社会福祉全般の重要な課題と言えよう。

第3節　対象別に具体的支援を定めた法律

1．生活保護法

生活保護法は、憲法第25条の生存権保障を具体化した法律で、国民の最後の「セーフティネット」と呼ばれる。また、公的扶助制度の基本的な法律である。

その目的は、生活困窮者の「自立助長」にあり、主に経済的自立を主な目的としていた。しかし、最近の高齢化や経済情勢の変化等によって生活困窮に陥る背景・要因も大きく変化し、自立の概念も就労による自立支援（就労自立支援）だけではなく、日常生活において自立した生活を送るための支援や社会生活における自立の支援の考え方が重要となってきている。

生活保護は、貧困に陥った原因は問わず、現に生活に困窮し、国が定めた一定の基準（生活保護基準）以下の生活を余儀なくされる場合、申請により調査の結果、その適用の有無が決定されるしくみになっている。

生活保護の受給者は、これまで国民年金だけでは生活が困難な高齢者、就労困難な傷病・障害者、ひとり親（母子）家庭などが中心であったが、今日ではこれらのほか、経済不況による失業者などの受給者が増加している。経済対策と就労支援等労働行政との連携が強く求められている。なお、生活保護に至る前の段階の自立支援策の強化を図るため、生活困窮者に対して、自立相談支援事業などを定めた「生活困窮者自立支援法」が、2013年制定されている。

2. 児童福祉法

児童福祉法は、児童（18歳未満）の健全育成、保護を要する児童の福祉、一部母子保健を含む児童全般にわたるサービスを定めた基本法である。ただ、この法律だけで児童全般の福祉を図ることは困難で、児童をめぐる情勢の変化の中で、関連する法律が制定されてきた。その代表的な法律が2000年の「児童虐待の防止等に関する法律（児童虐待防止法）」であろう。

この法律は、虐待を防止し、虐待を受けている児童を保護することを主な目的としている。虐待の発見通告の義務や、市町村・児童相談所の対応すべき措置が規定されているが、依然として虐待は増加の一途をたどっている。

児童福祉法の理解と同様、1951年5月5日の宣言「児童憲章」の理解も重要である。前文は、①児童は、人として尊ばれる、②児童は社会の一員として重んぜられる、③児童は、よい環境の中で育てられる、とし、すべての児童の幸福を図るための理念が述べられている。この憲章の理念と児童の状況を概観すれば、児童福祉の現状などが理解できよう。

3．障害者総合支援法

障害者福祉は、障害者基本法を軸として、身体障害者福祉法、知的障害者福祉法、精神保健福祉法により各種のサービスが提供されている。これら三障害に共通する具体的なサービス提供の一元化と効率化を図るため、2005年「障害者自立支援法」が制定された。本法は、障害者の自立支援・地域生活移行を主眼としたものであるが、具体的サービスの提供が必ずしも障害者のニーズと実態に即しないこと、障害者と同様な生活福祉問題を抱える難病などが除外されているなどの問題点があった。

国は、共生社会の実現に向けて日常生活・社会生活の総合的な支援を図るため、2012年「障害者自立支援法」を改正し、「障害者総合支援法」を制定した。同法の基本理念に基づき、障害者の範囲（難病等の追加）、障害支援区分の創設、重度訪問介護の対象拡大などの支援の充実、サービス基盤の計画的整備を図ることとしている。

障害者福祉は、その種類・程度などによって直面する生活福祉問題は異なり、ニーズも多様化しているが、共通する課題としては、①所得など経済的問題、②就労機会の確保、③居宅福祉の充実、④住環境の整備、⑤医療保健福祉の連携、⑥社会参加・活動の促進、などが挙げられる。

4．老人福祉法

本格的な少子・高齢社会を迎え、老人福祉は国民的課題となっている。現在、寝たきり、認知症など要援護高齢者の介護が緊急の課題となり、介護保険法を中心として多様なサービスが提供されている。また、数度の改正を経て、地域密着・小規模多機能型などのサービスが創設された。
老人福祉行政を概観すると「介護中心」と捉えられているが、社会参加・活動等の生きがいづくり、保健医療、地域生活支援対策等も重要である。これらの対策はすべて老人福祉法に規定されているものではないが、老人福祉法の趣旨・目的に沿った関係法律によって推進されている。
老人福祉法は、老人を多年にわたって社会の発展に貢献した者として「敬愛される」べきとし、さらに老人自身の「社会参加の促進」を定めている。介護等を必要とする「要援護高齢者」の支援も重要であるが、65歳以上高齢者の約８割は健康であり、これらの高齢者が要援護状態にならないよう、またその時期をできるだけ遅らせるようにする対策も必要である。
それには「健康増進・介護予防対策」と「社会参加・活動」施策を積極的に推進する必要があろう。国は、21世紀の高齢者のイメージとして「活力ある高齢者像」を掲げているが、そのためには「生きがい対策（学習・就労・社会参加など）」が重要となる。これらは国・地方自治体の重要な課題であり、地域の高齢者の実態に即した積極的な対応が求められる。

【参考文献】

社会福祉士養成講座編集委員会編『地域福祉の理論と方法――地域福祉論〔第２版〕』（新・社会福祉士養成講座）中央法規出版、2010年

社会福祉士養成講座編集委員会編『福祉行財政と福祉計画〔第３版〕』（新・社会福祉士養成講座）中央法規出版、2012年

山縣文治・岡田忠克編『よくわかる社会福祉〔第９版〕』（やわらかアカデミズム・〈わかる〉シリーズ）ミネルヴァ書房、2012年

第5章

社会福祉行財政と実施機関

隣谷　正範

第*1*節　社会福祉サービスの提供体制

昨今、社会福祉サービスの利用形態が「措置」から「利用契約」に変わり、公的機関からのサービスに加えて幅広い非営利・営利のサービス提供主体が参入してきたことに伴い、多種多様な社会福祉サービスが提供される社会となった。その提供形態に着目すると、国や地方公共団体、専門機関等の公的機関により提供される制度的な社会福祉サービスは「フォーマルサービス」と呼ばれる。その対義に当たるのが「インフォーマルサービス」であり、近隣住民、ボランティア、NPO等によって提供される非制度的なサービスを指し、広義には家族による支援も含まれる。

次に、社会福祉行政のしくみに目を向けると、国や地方公共団体には独自の組織が存在する。以下に、各々の主体の役割と機構を概説する。

1．国の役割と機構

国は、社会福祉政策の立案、法令の制定・改廃、基準設定、社会福祉事業に要する費用の予算措置、補助金の交付等の役割を担当している。厚生労働省は、国の社会福祉行政を管轄する機関として、「社会福祉、社会保障及び公衆衛生の向上及び増進並びに労働条件その他の労働者の働く環境の整備及び職業の確保」（厚生労働省設置法第3条）を目的に設置されており、厚生労働省内に置かれる社会・援護局、老健局、雇用均等・児童家庭局が主にその業務を担う。

社会・援護局では、社会福祉法人制度や福祉事務所の運営、地域福祉の推進、社会福祉事業に携わる人材確保やボランティア活動の基盤整備、低所得者に対する支援等、社会福祉推進のための施策を幅広く展開している。なお、身体障害、知的障害、精神障害等を抱える障害者（児）福祉に関する事務は、同局に置かれる障害保健福祉部が担当している。

老健局は、高齢者保健福祉施策を総合的に実施する部局であり、雇用均等・児童家庭局は、雇用分野における男女均等な機会・待遇の確保、児童の保育・養護、児童虐待防止、妊産婦・母子家庭の福祉の増進等に関する事務を担当している。

2. 地方公共団体の役割と機構

地方公共団体は、社会福祉行政の実施部門として位置づけられている（**図表1**）。その中にあって、都道府県は市町村を包括する広域の地方公共団体として、社会福祉に関する事業に関する施策の企画・予算措置、社会福祉施設の設置認可や指導監督、児童相談所や福祉事務所の設置運営、市町村に対する援助、児童および家庭に関する専門性の高い相談への対応等を担う。その機構は、知事の事務部局として、東京都には福祉保健局、道府県には健康福祉部、保険福祉部、福祉保健部等の部局が設けられ、さらにこれらの下に、高齢者福祉課、児童家庭課、障害福祉課等が設置されている。

一方で、指定都市（政令指定都市）は都道府県が処理する事務の全部または一部を取り扱い（地方自治法第252条の19）、中核市は政令指定都市が処理することができる事務のうち、都道府県がその区域にわたり一体的に処理することが効率的な事務等以外のものを処理する（同法第252条の22）ことが認められている。

このほかにも、近年の地方分権の流れに伴い、従来の中央集権的な関係から国と地方の対等な関係に基づく役割の分担の流れに移行した結果、住民に身近な行政は地方公共団体に委ねられるようになった。市町村が所管する事務については、家庭児童福祉関係を例にとれば、保育所の設置および保育の実施・情報提供、1歳6か月児・3歳児健康診査、地域子育て支援センター事業をはじめとする各種子育て支援事業、妊産婦への指導に関する事業の事務等があり、地域の身近な窓口として活動する市町村が所管する事務（内容）の比重は高くなっている。

図表１　社会福祉の実施体系の概要

国

民生委員・児童委員
（231,339人）
2015年３月現在

社会保障審議会
統計分科会
医療分科会
福祉文化分科会
介護給付費分科会
医療保険料率分科会
年金記録訂正分科会

身体障害者相談員
（8,091人）

知的障害者相談員
（3,552人）
2015年４月現在

都道府県（指定都市、中核市）
・社会福祉法人の認可、監督
・社会福祉施設の設置認可、監督
・児童福祉施設（保育所を除く）への入所事務
・関係行政機関および市町村への指導等

地方社会福祉審議会
都道府県児童福祉審議会
（指定都市児童福祉審議会）

身体障害者更生相談所
・全国で77か所（2015年4月現在）
・身体障害者更生援護施設入所調整
・身体障害者への相談、判定、指導

知的障害者更生相談所
・全国で84か所（2015年4月現在）
・知的障害者援護施設入所調整
・知的障害者への相談、判定、指導

児童相談所
・全国で208か所（2015年4月現在）
・児童福祉施設入所措置
・児童相談、調査、判定、指導等
・一時保護
・里親委託

婦人相談所
・全国で49か所（2015年4月現在）
・要保護女子及び暴力被害女性の相談、判定、調査、指導等
・一時保護

都道府県福祉事務所
・全国で208か所（2015年４月現在）
・「生活保護法」「児童福祉法」「母子及び寡婦福祉法」に定める援護または育成の措置に関する事務のうち都道府県が処理することとされているものを司る。
・生活保護の実施等
・助産施設、母子生活支援施設への入所事務等
・母子家庭等の相談、調査、指導等
・老人福祉サービスに関する広域的調整等

町村福祉事務所
・全国で43か所（2015年４月現在）
※業務内容は市福祉事務所と同様

市
福祉六法（「生活保護法」「児童福祉法」「母子及び寡婦福祉法」「老人福祉法」「身体障害者福祉法」および「知的障害者福祉法」）に定める援護、育成または更生の措置に関する事務のうち市が処理することとされているもの（政令で定めるものを除く）を司る。

市福祉事務所
・全国で996か所（2015年４月現在）
・生活保護の実施等
・特別養護老人ホームへの入所事務等
・助産施設、母子生活支援施設および保育所への入所事務等
・母子家庭等の相談、調査、指導等

【福祉事務所数】：郡部（都道府県）208か所、市部（市）996か所（町村）43か所／合計1,247か所（2015年４月現在）

出典：［厚生労働省、2016］p.193 を基に作成

第2節 公的機関の役割

1．社会保障審議会

社会保障審議会は厚生労働省の付属機関として「厚生労働省設置法」に基づき設置されている機関であり、社会保障制度・人口問題に関する基本的事項に関する審議を行うことを目的としている。主な役割は、①厚生労働大臣の諮問に応じて社会保障に関する重要事項の調査審議、②厚生労働大臣または関係各大臣の諮問に応じて人口問題に関する重要事項の調査審議、③先の2つ（①、②）に示す重要事項に関する厚生労働大臣または関係行政機関への意見陳述、④「児童福祉法」「社会福祉法」「身体障害者福祉法」「介護保険法」等に規定される社会保障審議会の権限に属された事柄を処理すること、に整理できる。

社会保障審議会は委員30人以内で組織され、特別事項を調査審議する際には臨時委員、専門事項の調査の際には専門委員を置くことができる（委員はすべて非常勤。学識経験者の中から厚生労働大臣が任命。任期2年で再任可。臨時委員・専門委員は当該事項の調査・審議の終了をもって解任）。「社会保障審議会令」に基づき、審議会には、統計分科会・医療分科会・福祉文化分科会・介護給付費分科会・医療保険保険料率分科会等が設置され（同令第5条）、審議会および分科会には、福祉部会・児童部会・障害者部会・介護保険部会等の部会を設置できる（同令第6条）。

2．児童相談所

「児童相談所運営指針」によると、児童相談所とは、市町村と役割分担・連携を図りつつ、子どもに関する家庭その他からの相談に応じ、個々のケースに対して最も効果的な援助を行い、「子どもの福祉を図るととも

図表２　児童相談所等における相談内容別受け付け件数

	相談内容		児童相談所	市町村
			受け付け件数	
養護相談	1．養護相談	父または母等保護者の家出、失踪、死亡、離婚、入院、稼働および服役等による養育困難児、棄児、迷子、虐待を受けた子ども、親権を喪失した親の子ども、後見人を持たない児童等環境的問題を有する子ども、養子縁組に関する相談。	145,849	171,629
保健相談	2．保健相談	未熟児、虚弱児、内部機能障害、小児喘息、その他の疾患（精神疾患を含む）等を有する子どもに関する相談。	1,967	13,938
障害相談	3．肢体不自由相談	肢体不自由児、運動発達の遅れに関する相談。	2,527	1,379
	4．視聴覚障害相談	盲（弱視を含む）、ろう（難聴を含む）等視聴覚障害児に関する相談。	473	327
	5．言語発達障害等相談	構音障害、吃音、失語等音声や言語の機能障害のある子ども、言語発達遅滞、学習障害や注意欠陥多動性障害等発達障害を有する子ども等に関する相談。言葉の遅れの原因が知的障害、自閉症、しつけ上の問題等他の相談種別に分類される場合はそれぞれのところに入る。	13,717	13,814
	6．重症心身障害相談	重症心身障害児（者）に関する相談。	3,972	665
	7．知的障害相談	知的障害児に関する相談。	145,470	8,222
	8．発達障害相談	自閉症もしくは自閉症同様の症状を呈する子どもに関する相談。	16,387	11,660
非行相談	9．ぐ犯等相談	虚言癖、浪費癖、家出、浮浪、乱暴、性的逸脱等のぐ犯行為もしくは飲酒、喫煙等の問題行動のある子ども、警察署からぐ犯少年として通告のあった子ども、または触法行為があったと思料されても警察署から法第 25 条による通告のない子どもに関する相談。	8,919	2,614
	10. 触法行為等相談	触法行為があったとして警察署から法第 25 条による通告のあった子ども、犯罪少年に関して家庭裁判所から送致のあった子どもに関する相談。受け付けたときには通告がなくとも、調査の結果、通告が予定されている子どもに関する相談についてもこれに該当する。	7,435	453
育成相談	11. 性格行動相談	子どもの人格の発達上問題となる反抗、友達と遊べない、落ち着きがない、内気、緘黙、不活発、家庭内暴力、生活習慣の著しい逸脱等、性格もしくは行動上の問題を有する子どもに関する相談。	26,714	20,927
	12. 不登校相談	学校、幼稚園、保育所に在籍中で、登校（園）していない状態にある子どもに関する相談。非行や精神疾患、養護問題が主である場合等にはそれぞれのところに分類する。	5,935	11,740
	13. 適性相談	進学適性、職業適性、学業不振等に関する相談。	8,117	2,783
	14. 育児・しつけ相談	家庭内における幼児のしつけ、子どもの性教育、遊び等に関する相談。	8,037	40,752
	15. その他の相談	１～ 14 のいずれにも該当しない相談。	20,537	52,126

出典：厚生労働省「児童相談所運営指針」2016年、厚生労働省大臣官房統計情報部「平成26 年度社会福祉行政業務報告」2015年を基に作成

に、その権利を擁護すること（相談援助活動）」を主たる目的とする機関と位置づけられている。都道府県、指定都市に設置が義務づけられており、2004年の「児童福祉法」改正によって、2006年４月から中核市程度の人口規模（30万人以上）を有する政令で指定する市（児童相談所設置市）にも設置が可能になった。児童相談所の相談援助活動の流れは、種々の専門職員が関与して行われる調査・診断・判定の結果に基づき、援助方針・援助内容が決定される（「［相談の］受理→診断→判定→援助」から成る過程および機能が組み合わされて展開）。

図表２のとおり、児童相談所が対応する相談内容は多岐にわたるが、「2. 保健相談」のように当該領域を担当する機関での対応が適当な相談や、「14. 育児・しつけ相談」等の子育て支援を担う他の機関で受け付けることができる比較的軽微な相談もあることから、児童相談所が過剰引き受けとならないように各機関・組織との連携のもとで対応がされている。

３．福祉事務所

福祉事務所は「社会福祉法」に示される「福祉に関する事務所」を意味し、都道府県福祉事務所（郡部福祉事務所）、市町村福祉事務所（市部福祉事務所）に分けられる。それぞれの所管事務は、前出の**図表１**に詳しいが、近年の地方分権化の流れを受けて、市部福祉事務所では、設置される地域の実態や意向に即した弾力的な運営が図られている。

福祉事務所は、都道府県・市に設置義務があり、町村は任意設置である。そのため、福祉事務所が未設置の町村の業務の一部は、都道府県福祉事務所が担っている。現在、市部福祉事務所では、福祉関連の他の部署と併設して運営されていたり、保健所と統合した保健福祉センター等の形態で運営されている場合も見受けられる。福祉事務所には、所長、指導監督を行う所員、現業を行う所員（指導監督員、現業員は社会福祉主事の資格を有する者から任用）、事務を行う所員が置かれるほか、専門的立場から助言を行うため、身体障害者福祉司、知的障害者福祉司、老人福祉指導主事等が配置されており、地域住民の生活課題に対応するべく福祉六法に基づく措置や給付決定等に係る事務をつかさどっている。

また、福祉事務所の家庭児童福祉に関する相談指導業務の充実強化とともに、家庭における適正な養育を図ること等を目的に、「家庭児童相談室」が福祉事務所に設置されている。子育て家庭のみならず、地域の保育・学校関係者、住民が幅広く利用できる機関として、福祉事務所が行う家庭児童福祉に関する業務のうち、主に専門的技術を必要とする業務を担い、心身の発達や育児全般に関する事柄、学校生活でのいじめや登校拒否等に関する相談に対する助言・指導を行っている。

第3節　民間施設等の役割

1．社会福祉法人

社会福祉法人とは、社会福祉事業を行うことを目的に、「社会福祉法」に定められるところにより設立された法人である。社会福祉法人が行う事業は、①社会福祉事業（第一種社会福祉事業および第二種社会福祉事業）、②公益事業、③収益事業、に整理できる（公益事業および収益事業に関しては、社会福祉法人が「その経営する社会福祉事業に支障がない」ことが条件）。「社会福祉施設等調査」（2015年10月1日現在）によると、社会福祉施設における経営主体の施設種類別に占める割合は、保護施設90.4％、老人福祉施設75.9％、障害者支援施設63.9％、児童福祉施設等45.3％（保育所53.4％）であり、施設経営の中心的存在であることは明らかである。

社会福祉法人の特徴は、①地域社会のために事業運営を行う「公益性」、②事業から出た利益はサービス運営に還元する等、利益の産出を目的としていない「非営利性」、③事業の開始・廃止には行政の認可を有する等の「継続性・安定性」にある。また、社会福祉法人には、所轄庁による規制･監督に加えて、安定的（健全）な事業運営を確保するための支援･助成のしくみが制度化されており、施設整備への補助金のほか、税制（法人税、固定資産税、寄付等）上の優遇措置が講じられている。

2．社会福祉施設

社会福祉施設とは、社会福祉関係各法に基づいて設置された福祉サー

図表３　社会福祉施設の種類

施設名	種別	施設の種類	
保護施設	第一種	【入所】	救護施設、更生施設
		【通所】	授産施設
		【利用】	宿所提供施設
	第二種	【利用】	医療保護施設
老人福祉施設	第一種	【入所】	養護老人ホーム、特別養護老人ホーム、軽費老人ホーム
	第二種	【入所】	老人短期入所施設
障害者支援施設	第一種	【入所】	障害者支援施設
		【通所】	障害者支援施設
	第二種	【利用】	地域活動支援センター、福祉ホーム
身体障害者社会参加支援施設	第一種		—
	第二種	【利用】	身体障害者福祉センター、補装具製作施設、盲導犬訓練施設、点字図書館、点字出版施設、聴覚障害者情報提供施設
婦人保護施設	第一種	【入所】	婦人保護施設
	第二種		—
児童福祉施設	第一種	【入所】	乳児院、母子生活支援施設、児童養護施設、障害児入所施設、児童心理治療施設、児童自立支援施設
		【通所】	児童心理治療施設、児童自立支援施設
	第二種	【入所】	助産施設
		【通所】	保育所、児童発達支援センター
		【利用】	児童館、児童遊園、児童家庭支援センター
母子・父子福祉施設	第一種		—
	第二種	【利用】	母子・父子福祉センター、母子・父子休養ホーム
その他の社会福祉施設等	第一種	【通所】	授産施設
	第二種	【通所】	へき地保育所
		【利用】	宿所提供施設、無料低額診療施設、隣保館
	その他	【公益事業】	有料老人ホーム
		【その他】	盲人ホーム、へき地保健福祉館

（注）1　「第一種」は第一種社会福祉事業、「第二種」は第二種社会福祉事業を意味する。
2　身体障害者更正援護施設、知的障害者援護施設、精神障害者社会復帰施設は、障害者自立支援法の施行に伴い、2006年10月から５年間を移行期間として新体系に再編された。
3　障害児施設についても2012年４月に新体系に移行した。
4　児童心理治療施設については、児童福祉法の改正に伴い、2017年４月から従来の情緒障害児短期治療施設の名称が変更された。

出典：［厚生労働統計協会、2015］pp.320-322を基に作成

ビスを提供するための施設である（**図表３**）。

社会福祉施設は、家庭の代替的な場としての保護的役割を果たすだけでなく、利用者が自立した日常生活を送れるように支援する場でもある。そのため、省令等により各々の施設の最低基準（施設の規模・構造・サービス提供方法等）を定めることで、サービスの質の担保が図られている。社会福祉施設の利用形態は、①入所施設（施設入所によって必要なサービスの提供を受ける）、②通所施設（家庭で日常生活を送りながら、必要な療育・治療等の際に通所してサービスの提供を受ける）、③利用施設（利用者が日常生活・社会生活上、必要に応じて利用する）に分けられる。これらの社会福祉サービスの利用に当たっては、従来の行政処分による「措置」に代わり、利用者と施設側が「（利用）契約」を結ぶ形が一般的となっている。

３．NPO

NPO（NonProfit Organization）とは、営利を目的としない社会貢献活動団体の総称であり、このうちNPO法人とは、1998年制定の「特定非営利活動促進法（NPO法）」に基づき、所轄庁から認証された法人をいう。法人格を持つことで団体名義を用いた契約締結が可能になる等、団体を権利能力の主体と位置づけることができる法的利点がある。所轄庁は、原則として、①２つ以上の都道府県にまたがる場合は「主たる事務所の都道府県の知事」、②主たる事務所が指定都市のみに所在する場合は「当該指定都市の長」となる。

NPOの活動には、保健・医療・福祉の増進、社会教育、まちづくり、学術・文化・芸術、環境保全、災害救援、地域安全、国際協力等20分野があり、社会の多様なニーズに対応していくことが期待されている。2012年４月からは、所轄庁が認定を行う新たな制度として認定NPO法人制度が創設されており、運営組織および事業活動が適正であって一定の基準に適合した法人に対して、税制上の措置等が設けられている。

4．企 業

従来、福祉サービスは、国や地方公共団体、社会福祉法人が中心となり「措置」の下に供給されてきたが、社会福祉基礎構造改革では改革の基本柱の一つに「幅広い需要に応える多様な主体の参入促進」が掲げられ、以後、企民間業を含むサービス提供主体の多様化が図られることとなった。この背景には、福祉サービス需要の拡大に公的組織・機関が提供するサービス量では対応できないことや、市場の競争原理を利用することでサービスの質の向上が目指されたことが挙げられる。

また、企業に対しては、障害者の自立生活の観点から、障害者の雇用対策が進められている。「障害者雇用促進法」では、企業に対して労働者全体の2.0％（2013年４月より）に相当する障害者を雇用することを義務づけ（障害者雇用率制度）、雇用率を満たさない企業からは納付金を徴収し、障害者を多数雇用する企業への調整金や障害者雇用に必要な施設設備費の助成等に充てられている（障害者雇用納付金制度）。

第４節 社会福祉サービスの財政

1．国の予算（社会保障関係費）

2015年度における国の一般会計歳出の総額は96兆3,420億円、国債費や地方交付税交付金等を除いた一般歳出は57兆3,555億円である。一般歳出総額に占める社会保障関係費は約55.0 %（31兆5,297億円）にのぼり、その内訳は、年金医療介護保険給付費が23 兆1,107 億円、生活保護費２兆9,042 億円、社会福祉費４兆8,591億円、保健衛生対策費4,876億円、雇用労災対策費1,681億円となっている。この内訳からも明らかなように、社会保障関係費の大部分を年金医療介護保険給付費（年金48.1％、医療

40.5%、介護11.4%の構成割合）が占めており、今後のさらなる高齢者数・高齢化率の上昇を見込むと、その推移が注目されるところである。

2．社会保障給付費

戦後、社会福祉・社会保障の政策等が整備されたことで、日本の社会保障制度は拡充した。その社会保障制度の規模を示す指標として、「社会保障や社会福祉等の制度を通じて、国民が1年間に給付される金銭またはサービスの合計額」を表す「社会保障給付費」が用いられる。

2014年度の社会保障給付費の総額は112兆1020億円、対国民所得比は30.76%、国民一人当たりの社会保障給付費は88万2,100円である。社会保障給付費を部門別に捉えると、全体に占める割合は「年金」が48.5%と最も高く、「医療」32.4%、「福祉その他」19.1%と続く等、高齢者関係給付費が社会保障関係費に対する割合は約7割を占めている実態がある。

3．地方公共団体の社会福祉財政

2014年度の地方公共団体（都道府県・市町村）における歳出純計決算額は98兆5,228億円、目的別構成比は、民生費（24.8%）、教育費（16.9%）、公債費（13.6%）、土木費（12.2%）の順である。このうち民生費とは、児童・高齢者・障害者等に係る施設の整備・運営、生活保護の実施等の諸施策に要する経費等を指し、決算額は24兆4,509億円に上る。民生費の目的別内訳は、児童福祉費の割合が総額の31.7%を占め、以下、社会福祉費（25.5%）老人福祉費（24.1%）、生活保護費（16.4%）、災害救助費（2.3%）の順である。

4．国民負担率

国民負担率とは、国民所得に対する「国税と地方税とを合わせた租税負担の比率」と、国民所得に対する「年金・医療保険料等の社会保障負担の比率」とを合わせたものをいい、国・地方公共団体の歳出や社会保

図表４　社会福祉施設の措置費（運営費）負担割合

<table>
<tr><th rowspan="2">施設の種別</th><th rowspan="2">措置権者(1)</th><th rowspan="2">入所先施設の区分</th><th rowspan="2">措置費支弁者(1)</th><th colspan="4">費用負担</th></tr>
<tr><th>国</th><th>都道府県
指定都市
中核市</th><th>市</th><th>町村</th></tr>
<tr><td rowspan="2">保護施設</td><td>知事・指定都市市長・中核市市長</td><td rowspan="2">都道府県立施設
市長村立施設
私設施設</td><td>都道府県・指定都市・中核市</td><td>3/4</td><td>1/4</td><td>—</td><td>—</td></tr>
<tr><td>市長(2)</td><td>市</td><td>3/4</td><td>—</td><td>1/4</td><td>—</td></tr>
<tr><td>老人福祉施設</td><td>市町村長</td><td>都道府県立施設
市長村立施設
私設施設</td><td>市町村</td><td>—</td><td>—</td><td colspan="2">10/10(4)</td></tr>
<tr><td>婦人保護施設</td><td>知事</td><td>都道府県立施設
市長村立施設</td><td>都道府県</td><td>5/10</td><td>5/10</td><td>—</td><td>—</td></tr>
<tr><td>児童福祉施設(3)</td><td>知事・指定都市市長・児童相談所設置市市長</td><td>都道府県立施設
市長村立施設
私設施設</td><td>都道府県・指定都市・児童相談所設置市</td><td>1/2</td><td>1/2</td><td>—</td><td>—</td></tr>
<tr><td rowspan="3">母子生活支援施設
助産施設</td><td rowspan="2">市長(2)</td><td>都道府県立施設</td><td>都道府県</td><td>1/2</td><td>1/2</td><td>—</td><td>—</td></tr>
<tr><td>市長村立施設
私設施設</td><td>市</td><td>1/2</td><td>1/4</td><td>1/4</td><td>—</td></tr>
<tr><td>知事・指定都市市長・中核市市長</td><td>都道府県立施設
市長村立施設
私設施設</td><td>都道府県・指定都市・中核市</td><td>1/2</td><td>1/2</td><td>—</td><td>—</td></tr>
<tr><td>保育所
幼保連携型
認定こども園
小規模保育
事業(所)(6)</td><td>市町村長</td><td>私設施設</td><td>市町村</td><td>1/2</td><td>1/4(7)</td><td colspan="2">1/4</td></tr>
<tr><td rowspan="2">身体障害者社会参加支援施設(5)</td><td>知事・指定都市市長・中核市市長</td><td rowspan="2">都道府県立施設
市長村立施設
私設施設</td><td>都道府県・指定都市・中核市</td><td>5/10</td><td>5/10</td><td>—</td><td>—</td></tr>
<tr><td>市長村長</td><td>市町村</td><td>5/10</td><td>—</td><td colspan="2">5/10</td></tr>
</table>

（注）1　母子生活支援施設、助産施設及び保育所は、児童福祉法が一部改正されたことに伴い、従来の措置（行政処分）がそれぞれ、母子保護の実施、助産の実施および保育の実施（公法上の利用契約関係）に改められた。

2　福祉事務所を設置している町村の長を含む。福祉事務所を設置している町村の長の場合、措置費支弁者および費用負担は町村となり、負担割合は市の場合と同じ。

3　小規模住居型児童養育事業所（「ファミリーホーム」）、児童自立生活援助事業所（「自立援助ホーム」）を含み、保育所、母子生活支援施設、助産施設を除いた児童福祉施設。

4　老人福祉施設については、2005年度より養護老人ホーム等保護費負担金が廃止・財源移譲されたことに伴い、措置費の費用負担は全て市町村（指定都市、中核市を含む）において行っている。

5　改正前の身体障害者福祉法に基づく「身体障害者更生援護施設」は、障害者自立支援法の施行に伴い、2006年10月より「身体障害者社会参加支援施設」となった。

6　子ども子育て関連三法により、2015年４月１日より、幼保連携型認定こども園、及び小規模保育事業も対象とされた。また、私立保育所を除く施設・事業に対しては、利用者への施設型給付及び地域型保育給付（個人給付）を法定代理受領する形に改められた。

7　指定都市・中核市は除く。

出典：[厚生労働省、2016] p.200 を基に作成

障給付の財源として強制徴収される国民の経済負担をいう。

財務省の報道発表値によると、2016年度（見通し）の国民負担率は43.9%（租税負担率26.1%、社会保障負担率17.8%）であり、スウェーデン、フランス等の先進主要国と比べると日本は低い負担率にあるが、急速な高齢化の進展に伴い、今後、国民負担率の上昇が見込まれている。

5．社会福祉施設の運営（費用負担割合）

社会福祉関係各法に基づく“社会福祉施設への入所措置”にかかる費用を措置費という。社会福祉施設の運営に当たっては、措置あるいは措置委託された人数に応じて事業者に支払われる施設運営に必要な費用（措置費）は、公費によって賄われている（**図表4：前頁**）。なお、措置費は、職員の給与、職員研修等を使途とする「事務費」と、入所者の日常生活費の食費等を使途とする「事業費」に大別される。そして、保育所運営費は、国・地方公共団体の公費のほか、保護者からの保育料から充当される。私立の運営費負担割合は、国が定める「保育単価表」に基づく運営費の合計から保育料総額を差し引き、残りを国と地方公共団体で負担している（図表4参照）。公立の運営費は一般財源化されており、自治体独自の基準によって、国から移譲された財源の中から運用されている。

【参考文献】

井村圭壯・相澤譲治編著『社会福祉の基本体系〔第4版〕』勁草書房、2008年

厚生労働統計協会編『国民の福祉と介護の動向 2015/2016』厚生労働統計協会、2015年

国立社会保障・人口問題研究所「平成21年度社会保障給付費（概要）」2011年

鈴木眞理子・大溝茂編著『児童や家庭に対する支援と児童・家庭福祉制度〔第4版〕』久美、2014年

総務省編『地方財政白書〔平成28年版〕』日経印刷、2016年

結城康博・嘉山隆司編著『よくわかる福祉事務所のしごと』ぎょうせい、2008年

吉成俊治「平成27（2015）年度社会保障関係予算― 社会保障に対する信頼と制度の持続可能性」参議院事務局企画調整室編『立法と調査 No.362』2015年 pp.89-107

厚生労働省編『平成28年版厚生労働白書 資料編』 http://www.mhlw.go.jp/wp/hakusyo/kousei/16-2/

内閣府 NPO https://www.npo-homepage.go.jp

全国社会福祉施設法人経営者協議会 http://www.keieikyo.gr.jp/

第6章

社会福祉の計画

山田　亮一

第*1*節　社会福祉計画の意義と役割

1．社会福祉から地域福祉へ

近代化は人々に豊かな生活をもたらしたが、半面、人の生活の自立（孤立）を促してきた。それとともに、家庭や地域社会では元来有していた相互扶助的機能は弱体化し、人々のつながりも希薄化してきた。私たちの暮らしを取り巻く社会環境も成長型社会の終焉、産業の空洞化、経済不況の長期化など経済的な不安要因を抱えるようになった。さらに、少子高齢社会から、人口が減少するという人口減少社会に地域社会が進んでいく中で、自分たちの生活を守ることやお互いの暮らしを支え合うことも難しくなるようなケースが目立ってきた。

このような社会の中で、高齢者、障害者、子ども、貧困者などはますます厳しい状況に置かれている。さらに、今まで生活支援を受けることのなかった人々でさえ、例えば、青少年や中年層においても生活不安やストレスが増え、自殺やホームレス、家庭内暴力、虐待、引き籠もりなど新たな社会問題が生まれてきている。

このように、人々の生活環境が変わり、多様な社会問題が発生している中、従来の国や地方自治体等の公的部門を中心とし、しかも、特定の人々を救済対象とした社会福祉制度では限界が見えてきた。地域社会での主要な福祉サービス提供者である市区町村や福祉団体の役割も見直しが必要になってきた。このような状況の中、地域によってはNPO（非営利団体）やボランティア等による福祉活動が活発になり、新たなコミュニティを形成しようとする動きも生まれている。福祉制度も、国や地方自治体等の公的部門の縦割り的な社会福祉システムから、地域福祉へと大きく転嫁している。地域福祉とは地域を基盤として、市区町村、福祉団体、NPO・ボランティア団体、各種団体等、さらに地域住民の自主的な活動など地域での横断的な連携と協働により、社会福祉を進めていこうとするものである。

地域福祉を進めるに当たっては、社会福祉の主要な担い手であった市区町村や社会福祉協議会・各種福祉団体などの使命を高めるだけでなく、地域住民の自主的な助け合いも大切な活動となっている。さらに言えば、人々の生活の安心と幸せを実現するためには自立した個人が地域住民としてつながりを持ち、思いやりを持って共に支え合い、助け合うという共生のまちづくりの精神が育まれ、生かされることが大切になっている。

市区町村が中心となり地域福祉を進めていくためには、その地域主体が地域の福祉ニーズを確認し、需要を計測することが福祉行政を進めるうえでも必要になってきた。その手法の一つとして地域福祉計画を策定するようになってきた。

2. 地域福祉計画の進め方

市町村地域福祉計画とは、地域住民の最も身近な行政主体である市区町村が、地域福祉推進の主体である住民等の参加を得て、地域の要支援者の生活上の解決すべき課題とそれに対応する必要な福祉ニーズ（サービスの内容や量）を明らかにし、かつ、確保し提供する体制であり、しかも住民参加を前提として推進するものである。

都道府県地域福祉支援計画とは、市区町村を含む広範囲な地方自治体として広域的な観点から市区町村を支援するもので、市区町村の規模や地域特性、さらに施策の取り組み状況に応じた、きめ細やかな配慮が必要となる。ところで、住民とは地域に存在する社会資源でもあり、地域住民、要支援者団体、自治会、町内会、地縁型組織、一般企業、商店街、民生委員、児童委員、福祉委員、ボランティアやボランティア団体、特定非営利活動法人（NPO法人）、農業協同組合、消費生活協同組合、社会福祉法人、地区社会福祉協議会、社会福祉従事者、福祉関連民間事業者、その他の諸団体等がある。これらは地域福祉計画に参加するとともに、自らが地域福祉の担い手であることを認識しなければならない。

さらに、地域福祉計画とは地方自治体が地域福祉を総合的かつ計画的に推進する行政計画であるが、福祉サービスにおいても個人の尊厳の保持を基本とすべきであり、自己決定、自己実現の尊重、自立支援等住民等による地域福祉計画推進のための参加や協力に立脚して策定されるべきである。さらに、①住民参加の必要性、②共に生きる社会づくり、③男女共同参画、④福祉文化の創造、⑤社会福祉の統合化、などに留意して計画に加えていくことが求められる。

第2節 社会福祉計画の歴史

1．戦前の社会福祉

日本では農村社会として長い歴史や伝統があり、そこでは村落共同体を基礎とする共同労働によって人々の暮らしを支え合ってきた。共同体の中で起こる諸問題は相互扶助的に対応し、共同体で行われる各種行事や祭祀はその共同体の成員間の結びつきを強める働きもしてきた。

明治維新以降、近代化は進むが、地域と人との関係性が希薄になり、地域が従来備えていた相互扶助力も弱体化していく。その一方では、社会的弱者や貧困の救済などが社会問題化する。日本では公的救済制度や社会福祉制度の整備が不十分であったため、それらの社会問題に対する解決策とはならなかった。それに代わり、欧米諸国で普及した慈善組織協会やセツルメント運動などに倣った民間福祉事業がその役割を担った。それらの事業の担い手として、①中央社会事業協会（社会福祉団体･施設）、②中央報徳会（農村部での住民組織化・地方改良活動）、③隣保館（都市部のスラム等での活動）、④方面委員制度（民生委員の前身）などがあった。

２．戦後復興期（1945〜1959年）

戦後復興期、社会福祉の最大の課題は貧困問題であった。国家により生活保護法、児童福祉法、身体障害者福祉法の社会福祉三法の整備を行い、該当する対象者の救済を実施した。この時期には「社会保障５か年計画」（1955年）等の社会保障の構想計画が策定されたが、社会福祉計画はその計画の中に含まれ、独自の社会福祉計画としては成立しなかった。

３．高度経済成長期（1960〜1973年）

高度経済成長期には福祉三法では対応できない対象者を救済するために、精神薄弱者福祉法、老人福祉法、母子福祉法を整備し、福祉六法へとその範囲を拡大した。この時期、国の経済計画に倣い、厚生省による「厚生行政の課題」（1964年）など厚生行政に関わる計画を策定している。東京都では「東京都中期計画」（1968年）を策定した。また、地方自治法の改定によって、基本構想の策定が各自治体に義務づけられるようになった。

４．安定成長期（1974〜1989年）

高度経済成長も終焉し、日本社会は安定成長に移行した。それに伴い、社会福祉も抑制される方向になった。社会福祉計画は策定されていないが、神奈川県や神戸市などの自治体や社会福祉協議会では地域での状況を把握するために地域福祉計画の策定に取り組み始めた。東京都では1989年に東京都は地域福祉推進計画、市区町村が地域福祉計画、市区町村社協が地域福祉活動計画を策定する「三相計画」の考えが出され、それ以降計画の策定が実施された。

５．地域福祉計画確立期（1990年〜 現在）

社会福祉計画が確立した時期である。地域福祉を推進するための地域福祉計画が、国の福祉計画に誘引されて策定されるようになっていった。

少子高齢化の進展、家族の扶養力の低下、地域の相互扶助力の弱体化などに伴い、高齢者介護問題が社会問題化してきた。そこで、国民の介護ニーズを把握し、その問題解決の方策を探るために、国家主導による地域福祉計画が実施された。各市区町村からの調査報告を基に、必要とする福祉サービスとその目標値が集計され、「高齢者保健福祉推進10か年戦略」(ゴールドプラン：1989年）と「老人保健福祉計画」(1990年）が実施された。続いて1994年には新ゴールドプラン、1999年にはゴールドプラン21と地域福祉計画が策定された。この地域福祉計画は障害者福祉や児童福祉の分野にも波及し、障害者基本計画（1993年)、「障害者計画」(1993年)、さらに「エンゼルプラン」(1994年）と児童育成計画（1994年）などが計画されるようになった。

1997年には高齢者福祉の分野で介護保険法が成立し、介護保険事業計画が市区町村で策定されることになり、社会福祉の実施主体が地方自治体に代わった。2000年には介護保険制度が実施されることになったが、同年には地域福祉を推進する法源として「社会福祉法」へと改正された。この法律によって新たに地方自治体に「地域福祉の推進」が義務づけられ、地域福祉推進の方策として「市町村地域福祉計画及び都道府県地域福祉支援計画」が実施されることになった。

このような動きは他の福祉分野にも連動していく。児童福祉分野では「次世代育成支援法」(2004年）で次世代育成支援行動計画が、また障害者福祉分野では「障害者自立支援法」(2005年）で障害者福祉計画が法定化され、各自治体に義務化され、社会福祉の主要三分野のすべての福祉の計画行政が確立されるに至った。

さらに、高齢者、障害者、児童といった対象者ごとに策定されている計画を統合し、都道府県および市区町村のそれぞれを主体とし、当事者である住民なども参加して地域福祉計画を策定する統合化も進むようになっている。

第3節　地域福祉計画の策定

1．社会福祉法と社会福祉計画

これまでの社会福祉はややもすると行政による福祉サービスを必要とする一部地域住民への給付という形で提供されてきた。しかし、中央社会福祉審議会社会福祉構造改革分科会では、新しい社会福祉の理念について「個人が人としての尊厳をもって、家庭や地域の中で障害の有無や年齢にかかわらず、その人らしい安心のある生活が送れるよう自立支援することにある」としている。このような理念を具現化するために新しい社会福祉として、地域福祉の推進を図るべきであるとしている。この意図を受け、社会福祉法は地域福祉の推進を掲げ、市区町村が地域福祉を推進する主体として地域福祉を推進する目的を次のように定めている。

（福祉サービスの基本的理念）

第３条　福祉サービスは、個人の尊厳の保持を旨とし、その内容は、福祉サービスの利用者が心身ともに健やかに育成され、又はその有する能力に応じ自立した日常生活を営むことができるように支援するものとして、良質かつ適切なものでなければならない。

（地域福祉の推進）

第４条　地域住民、社会福祉を目的とする事業を経営する者及び社会福祉に関する活動を行う者は、相互に協力し、福祉サービスを必要とする地域住民が地域社会を構成する一員として日常生活を営み、社会、経済、文化その他あらゆる分野の活動に参加する機会が与えられるように、地域福祉の推進に努めなければならない。

このように、地域福祉推進の主体は、地域住民、社会福祉を目的とする事業を経営する者、および社会福祉に関する活動を行う者の三者が相互に協力し合うことにより、福祉サービスを必要とする地域住民が地域社会を構成する一員として日常生活を営み、社会、経済、文化その他あらゆる分野の活動に参加する機会が与えられるようにすることであるとした。こうした地域福祉推進のための方策として市町村地域福祉計画および都道府県地域福祉支援計画の策定を求めている。それぞれの策定事項は次のとおりである。

＜市町村地域福祉計画における策定事項＞（社会福祉法第 107 条）

①地域における福祉サービスの適切な利用の推進に関する事項

②地域における社会福祉を目的とする事業の健全な発達に関する事項

③地域福祉に関する活動への住民の参加の促進に関する事項

＜都道府県地域福祉支援計画における策定事項＞（社会福祉法第108条）

①市町村の地域福祉の推進を支援するための基本的方針に関する事項

②地域福祉を目的とする事業に従事する者の確保又は資質の向上に関する事項

③福祉サービスの適切な利用の推進及び社会福祉を目的とする事業の健全な発達のための基盤整備に関する事項

2．市町村地域福祉計画の策定

2000年の社会福祉法の改定に伴い、地域福祉計画が地方自治体によって策定されるようになった。市区町村は地域福祉計画を、さらに市区町村が地域福祉計画を実施するうえで都道府県が都道府県地域福祉支援計画を策定することになった。このことにより地方自治体は、責任を持って地域福祉を実施する主体として位置づけられた。市区町村は地域の実情に合わせた独自の工夫も必要となり、効率的な運営をするうえでも地方自治体の力量が問われることになった。

市町村地域福祉計画に盛り込む事項としては、前述の社会福祉法第

図表１　市区町村地域福祉計画における策定事項

（1）地域における福祉サービスの適切な利用の促進に関する事項

○地域における福祉サービスの目標の提示
・地域の生活課題に関する調査（いわゆる「ニーズ調査」）、必要とされるサービス量の調査、提供されているサービスの点検
・福祉サービス確保の緊急性や目標量の設定
なお、数値目標については、計画の内容を分かりやすくするとともに、その進捗状況を適切に管理する上で可能な限り客観的な指標を掲げることが望ましい。定性的な目標の場合にも、目標の達成の判断を容易に行える具体的な目標とすることが望ましい。
○目標達成のための戦略
ア　福祉サービスを必要とする地域住民に対する相談支援体制の整備
・福祉サービスの利用に関する情報提供、相談体制の確保
イ　要支援者が必要なサービスを利用することができるための仕組みの確立
・社会福祉従事者の専門性の向上、ケアマネジメント、ソーシャルワーク体制の整備
ウ　サービスの評価やサービス内容の開示等による利用者の適切なサービス選択の確保
エ　サービス利用に結びついていない要支援者への対応
・孤立、虐待、ひきこもり、サービス利用拒否などの要支援者を発見する機能の充実、ソーシャルワーク体制の整備、近隣の地域住民や訪問機会のある事業者などの活動、福祉事務所の地域福祉活動等の充実・支援
○利用者の権利擁護
地域福祉権利擁護事業、苦情解決制度など適切なサービス利用を支援する仕組み等の整備

（2）地域における社会福祉を目的とする事業の健全な発達に関する事項

○複雑多様化した生活課題を解決するため、社会福祉を目的とする多様なサービスの振興・参入促進及びこれらと公的サービスの連携による公私協働の実現
・民間の新規事業の開発やコーディネート機能への支援
○福祉、保健、医療と生活に関連する他分野との連携方策

（3）地域福祉に関する活動への住民の参加の促進に関する事項

○地域住民、ボランティア団体、ＮＰＯ法人等の社会福祉活動への支援
・活動に必要な情報の入手、必要な知識、技術の習得、活動拠点に関する支援
・地域住民の自主的な活動と公共的サービスの連携
○住民等による問題関心の共有化への動機付けと意識の向上、地域福祉推進への主体的参加の促進
・地域住民、サービス利用者の自立
・地域の福祉の在り方について住民等の理解と関心を深めることによる主体的な生活者、地域の構成員としての意識の向上
・住民等の交流会、勉強会等の開催
○地域福祉を推進する人材の養成
・地域福祉活動専門員、社会福祉従事者等による地域組織化機能の発揮

出典：［社会福祉審議会福祉部会、2002］

107条（市町村地域福祉計画）の３つの事項が掲げられている。これらを踏まえて地域福祉計画の策定が進められるが、市区町村は３つの事項についてその趣旨を解釈し具体的な内容を示すとともに、各地域で必要とされる事項を加えて、計画に盛り込むこととされた（図表1）。

なお、地域福祉計画と他の福祉関係計画との関係については、現状では高齢者、障害者、児童といった対象ごとに計画が策定されているが、これらと整合性を図り、かつ、福祉・保健・医療および生活関連分野との連携を確保しながら地域福祉計画は策定される必要があるとしている。また計画策定に当たっては、幅広い地域住民の参加を基本とするとともに、社会福祉協議会の積極的な協力や、民生委員・児童委員などの参加を求めている。

第４節 次世代育成支援行動計画

1，次世代育成支援行動計画の経緯

子どもの出生数の減少や合計出生率の低下は、少子化に大きな影響を及ぼしている。出生数は第１次ベビーブーム（1947～49年）以降急速に低下し、高度経済成長期には安定していたが、1975年以降再び緩やかな低下が始まっている。合計出生率は、第２次ベビーブーム（1971～74年）が過ぎた翌年には1.91まで低下している。1990年には、その前年の合計出生率が1.57と過去最低を記録したことが「1.57ショック」として話題になるなど少子化問題が人々の関心をひいたが、その後回復することはなかった。2006年以降は少子化にとどまらす、人口減少社会に突入している。このような状況は、生産、労働、消費など、日本の社会に大きな影響を及ぼしている。政府は実効性のある「子育て支援」対策に取り組む必要が生まれてきた。

1994年には厚生・文部・労働・建設の4大臣の合意により「今後の子育ての支援のための施策の基本的方向について」（エンゼルプラン）を作成し、「子育て支援」の方向性を示した。1995年には厚生・自治・大蔵の3大臣合意による「緊急保育対策等5か年事業」を実施している。働く母親に対しては「待機児童ゼロ作戦」「時間延長型保育サービス」の拡大や「放課後児童対策事業」を推進している。子育てをする母親に対しては「地域子育て支援事業」や「親子サロン」などの事業を行ってきた。1999年には「少子化対策推進基本方針」（新エンゼルプラン）が策定され、少子化対策や子育て支援に対する積極的な対策が実施されるようになってきた。2003年には「次世代育成に関する当面の取組方針」が策定され、同年には「少子化対策基本法」や「次世代育成支援対策推進法」が制定された。地方自治体に対しては「次世代育成支援行動計画」の策定の義務が定められた。また、児童福祉法の一部改定により、地域の子育て支援の強化に対する市町村の義務が規定された。2004年には「少子化社会対策大綱」が閣議決定され、「子ども・子育て応援プラン」の各事業の数値目標達成のための計画が策定された。

2, 次世代育成支援行動計画

児童福祉分野の地域福祉計画（次世代育成支援行動計画）を例に、市町村でいかなる福祉計画が行われているか、その概要について説明する。

(1) 次世代育成支援行動計画策定の背景と趣旨

次世代育成支援行動計画は、少子化の主たる要因であった晩婚化・未婚化に加え、「夫婦の出生力そのものの低下」という新たな現象の把握と急速な少子化の進行を踏まえ、少子化の流れを変えるため、従来の取り組みに加え、もう一段の対策を推進することが必要になり、厚生大臣ほか関係する6大臣の連名で「行動計画策定指針」が2003年8月22日に告示された。これは、「次世代育成支援対策推進法」が同年7月に成立し、市町村、都道府県、一般事業主および特定事業主がそれぞれ行動計画を策定することとなったことを受け、主務大臣がこれらの行動計画の指針を策定することになったものである。

図表２　市区町村・都道府県の次世代育成支援行動計画

策定に関する基本的な事項

１．計画策定に当たっての基本的な視点

(1) 子どもの視点、(2) 次代の親づくりという視点、(3) サービス利用者の視点、(4) 社会全体による支援の視点、(5) すべての子どもと家庭への支援の視点、(6) 地域における社会資源の効果的な活用の視点、(7) サービスの質の視点、(8) 地域特性の視点

２．必要とされる手続

○サービスの量的・質的なニーズを把握するため、市町村はサービス対象者に対するニーズ調査を実施。

○説明会の開催等により住民の意見を反映させるとともに、策定した計画を公表。

３．策定の時期等

○５年を１期とした計画を、平成１６年度中に策定し、５年後に見直し。

４．実施状況の点検及び推進体制

○各年度において実施状況を把握、点検しつつ、実施状況を公表。

内容に関する事項

１．地域における子育ての支援

○児童福祉法に規定する子育て支援事業をはじめとする地域における子育て支援サービスの充実

・居宅における支援、・短期預かり支援、・相談・交流支援、・子育て支援コーディネート

○保育計画等に基づく保育所受入れ児童数の計画的な拡充等の保育サービスの充実

○地域における子育て支援のネットワークづくり

○児童館、公民館等を活用した児童の居場所づくりなど、児童の健全育成の取組の推進

○地域の高齢者が参画した世代間交流の推進、余裕教室や商店街の空き店舗等を活用した子育て支援サービスの推進　等

２．母性並びに乳児及び幼児等の健康の確保及び増進

○乳幼児健診の場を活用した親への相談指導等の実施、「いいお産」の適切な普及、妊産婦に対する相談支援の充実など、子どもや母親の健康の確保

○発達段階に応じた食に関する学習の機会や食事づくり等の体験活動を進めるなど、食育の推進

○性に関する健全な意識の涵養や正しい知識の普及など、思春期保健対策の充実

○小児医療の充実、小児慢性特定疾患治療研究事業の推進、不妊治療対策の推進

(2) 次世代育成支援対策の実施に関する基本的な事項

次世代育成支援対策は、父母その他の保護者が子育てについての第一義的責任を有するという基本的認識の下に、子育ての意義についての理解を深められ、かつ、子育てに伴う喜びが実感されるように配慮して行

3．子どもの心身の健やかな成長に資する教育環境の整備
○子どもを生み育てることの意義に関する教育・啓発の推進
○家庭を築き、子どもを生み育てたい男女の希望の実現に資する地域社会の環境整備の推進
○中・高校生等が子育ての意義や大切さを理解できるよう、乳幼児とふれあう機会を拡充
○不安定就労若年者（フリーター）等に対する意識啓発や職業訓練などの実施
○確かな学力の向上、豊かな心や健やかな体の育成、信頼される学校づくり、幼児教育の充実など、子どもの生きる力の育成に向けた学校の教育環境等の整備
○発達段階に応じた家庭教育に関する学習機会･情報の提供､子育て経験者等の「子育てサポーター」の養成・配置など、家庭教育への支援の充実
○自然環境等を活用した子どもの多様な体験活動の機会の充実など、地域の教育力の向上
○子どもを取り巻く有害環境対策の推進
4．子育てを支援する生活環境の整備
○良質なファミリー向け賃貸住宅の供給支援など、子育てを支援する広くゆとりある住宅の確保
○公共賃貸住宅等と子育て支援施設の一体的整備など、良好な居住環境の確保
○子ども等が安全・安心に通行することができる道路交通環境の整備
○公共施設等における「子育てバリアフリー」の推進
○子どもが犯罪等の被害に遭わないための安全・安心まちづくりの推進
5．職業生活と家庭生活との両立の推進
○多様な働き方の実現、男性を含めた働き方の見直し等を図るための広報・啓発等の推進
○仕事と子育ての両立支援のための体制の整備、関係法制度等の広報・啓発等の推進
6．子ども等の安全の確保
○子どもを交通事故から守るための交通安全教育の推進、チャイルドシートの正しい使用の徹底
○子どもを犯罪等の被害から守るための活動の推進
○犯罪、いじめ等により被害を受けた子どもの立ち直り支援
7．要保護児童への対応などきめ細かな取組の推進
○児童虐待防止対策の充実
○母子家庭等の自立支援の推進
○障害児施策の充実

出典：［社会福祉審議会福祉部会、2002］

われることとされている。市町村行動計画及び都道府県行動計画の「策定に関する基本的な事項」および「内容に関する事項」は**図表2**のとおりである。各施策の目標設定に当たっては、可能な限り定量的に示すなど、具体的な目標を策すること になっている。

このほか、「一般事業主行動計画」「特定事業主行動計画」が設定されており、行動計画の策定に関する内容を示している。

厚生労働省の調査によると、2011年4月現在、都道府県は全て次世代育成支援行動計画を策定済みである。市区町村では1704（97.4%）で策定済みであるが、未定の市区町村が46も残っている。

点検・評価のための指数の導入は78.3%にとどまっている。また次世代育成支援対策地域協議会の設置については、都道府県が100%であるのに対して、市区町村では75.8%であった。

【参考文献】

磯部文雄・府川哲夫編『概説　福祉行政と福祉計画』ミネルヴァ書房、2012年

市川一宏・大橋謙策編『地域福祉の理論と方法』ミネルヴァ書房、2010年

厚生労働省「行動計画策定指針〈概要〉」2003年8月22日

社会福祉審議会福祉部会「市町村地域福祉計画及び都道府県地域福祉支援計画策定指針の在り方について（一人ひとりの地域住民への訴え）」2002年1月28日

地域福祉研究会編『地域福祉計画を創る　地域福祉計画の基本的考え方』中央法規出版、2002年

第7章

社会福祉における権利擁護のしくみ

吉田　仁美

第*1*節　権利擁護とは

1．権利擁護のイメージ

皆さんは、「権利擁護」と聞いて何をイメージするだろうか。「人々の権利を守ること」というような抽象的なイメージを即座に思い浮かべる人もいるだろう。あるいは「虐待された人の権利を守ること」というようにさまざまな事例からイメージできる人もいれば、この言葉は、日常的にあまり使われない用語なので、なかなかイメージしづらいという人もいるだろう。

そもそも、どのような理由から権利擁護が求められるようになったのか。そして、権利擁護の考え方は政策や制度にどのように反映されているのだろうか。本章では、第１節で、わが国で権利擁護が求められるようになった背景について、社会福祉基礎構造改革を中心に取り上げ、第２節では、具体的な権利擁護のしくみについて紹介する。第３節では、米国の権利擁護の取り組みについて自立生活運動の観点から概観する。

2．社会福祉基礎構造改革とは何か

社会福祉基礎構造改革以降、社会福祉の分野では、利用者を弱者・保護の対象として捉えるのではなく、個人の自立と自己実現を支援する福祉サービスの対象者として捉え、利用者とサービス提供者の対等な関係の確立の必要性が問われるようになっている。

これまで、福祉サービスの主な利用者には、自立が困難な高齢者、障害者、児童などがいるが、彼ら・彼女らは、福祉サービスに依存しなければ何もできない「社会的弱者」という立場に置かれてきた。そこで、彼ら・彼女らの人権を回復するためにサービス提供のあり方を変えたのが社会福祉基礎構造改革である。

3．措置から契約への転換

社会福祉基礎構造改革の大きなポイントに「措置から契約へ」という言葉がある。これは端的に言えば、サービスの提供方法を「措置制度」から「利用契約制度」へと転換したことを意味する。

(1) 措置制度の意図と問題点

ここで、社会福祉における「措置制度」についてあらためて説明したい。措置とは、『広辞苑〔第5版〕』を参照すると、①とりはからって始末をつけること、処置。②社会福祉施設などの利用を法律に従って決定すること——の2つの意味がある。社会福祉領域では、後者の意味で用いられることが多い。

『社会福祉用語辞典』を例に見ると、「『養護老人ホームに措置する』のように、行政がその権限として強権発動することによってサービスの利用決定を行う『職権措置』を指す」〔中央法規出版編集部、2012〕と記載されている。つまり、利用者側が福祉サービスを利用したいと思ったとき、それが利用できるのかできないか、どの施設を利用することができるのか等々、それらを決定できるのは利用者ではなく、都道府県や市町村などの行政側にあったのである。

このような措置制度が求められた背景には、限られた資源をできるだけ平等に分配するという目的があった。しかし一方で、行政の権限が強いため、本人の意思の確認もないままに福祉サービスが行われることが多く、本人の意思が反映されないという問題があった。サービス利用者の多くは、自分の意思や要望を伝え主張する機会そのものを奪われていたと言ってもよいだろう。こうした措置制度の下では、利用者の自己選択・自己実現の機会を生涯にわたり奪い取ってしまっている側面もあったことは否定できない。

(2) 利用契約制度の導入

少子高齢化、男女共同参画社会の実現に向けて、福祉サービスの利用者が大幅に増加し、求められるニーズも多様になってきた。このような時代的背景から、国・地方の福祉財政には限界が出始めてきていた。そこで、それまで公的責任の下で行われてきた福祉サービスのあり方を根本から見直す必要性が浮上し、それに対応する形として、社会福祉サービス供給主体の多様化、利用契約制度の導入などが図られた。

利用契約制度の代表的なものとしては、介護保険制度が挙げられる。介護保険制度は1997年に、高齢者介護の領域に措置制度に代えて社会保険方式を導入したものである。また2000年には、それまでの社会福祉事業の基本法であった社会福祉事業法が全面的に改正され、社会福祉法となった。

社会福祉法では、社会福祉サービスの基本理念を見直し、社会福祉が個人の尊厳と自立を支援するという理念を示した（第３条：福祉サービスの基本的理念）。また、利用者の意向を十分に尊重することが明記されている（第５条：福祉サービスの提供の原則）。さらに、福祉サービス利用援助事業（日常生活自立支援事業、旧名：地域福祉権利擁護事業）の導入、利用者本位の福祉サービスの利用に関する事項として、福祉サービスの情報提供の努力義務制度、サービスの質の確保、利用者の権利擁護・苦情解決（事業主の苦情処理義務）などが導入された。

(3) 福祉サービス分野への民間セクターの進出

措置制度と利用契約制度では何が異なるのか。ここで簡単に説明しよう。措置制度では、上述したように行政の決定により福祉サービスを提供するトップダウン体制のシステムであったのに対し、利用契約制度とは、利用者が自身でサービスを選択し、福祉サービス提供者と契約を締結することを指す。つまり利用者と提供者は対等な関係にある。

また、利用契約制度の導入とともに、福祉サービス提供者としての民間セクターの進出が広まってきている。これは、措置制度の下では福祉サービスの提供は国・地方自治体・社会福祉法人が主に行ってきたが、公的介護保険の施行とそれに続く社会福祉法への改正により、福祉サービスの分野に市場メカニズムを導入することになったことによる。

3．利用契約制度における権利擁護

社会福祉領域における措置制度から利用契約制度への転換は、自己選択・自己決定といった利用者の権利を拡大する一方、契約に基づく「自己責任」も伴うことになる。しかし、福祉サービスの利用者の中には、認知症や知的障害、精神障害などにより、日常生活を営むうえで必要なサービスを利用するための情報の入手、理解、判断、意思伝達・意思表示、サービスの交渉などが困難な人々が少なからずいる。そのため、これらの人々がサービスを利用する際に不利益を被らないよう権利擁護のシステムを構築することが急務となり、2000年４月の介護保険法施行に先立ち、1990年に地域福祉権利擁護事業（現在の日常生活自立支援事業）が創設された。また、特に判断能力が不十分な利用者が不利益を被らないよう、法的に支援し保護する制度として民法改正による新しい成年後見制度が創設された。

次節では、権利擁護のシステムとして立ち上がった地域福祉権利擁護事業と成年後見制度を取り上げるとともに、福祉サービスの情報提供のあり方、利用者の苦情解決（事業主の苦情処理義務）にも触れていきたい。

第２節　権利擁護を支えるしくみ

1．成年後見制度

成年後見制度は、法定後見制度と任意後見制度に大きく分けられる。

前者は、成年後見人などが必要になった場合に、家庭裁判所にその選任を申請する事後的対応であるのに対して、後者は判断能力が不十分になる場合に備えて、前もって財産管理や身上監護の事務について代理権を付与する委任契約を締結できる制度として新設されたものである。

法定後見制度においては従来、「禁治産者」「準禁治産者」といった用語が使われていたが、これらの用語は差別的な表現であるとして、「禁治産者」を「成年被後見人」に、「準禁治産者」を「被保佐人」に改めるとともに「補助制度」を新設した。この補助制度は、比較的軽度の精神上の障害がある人への対応として創設されたものである。成年後見人・保佐人・補助人に関しては家庭裁判所が事案に応じて選任するが、これは複数人でも法人でも可能となった。ただし、身寄りのない人の場合には市町村長に法定後見開始の審判の申し立て権が付与されている。また、従来の制度では禁治産宣告などが戸籍に記載されたが、成年後見登記制度が新設され、成年被後見人等の身上配慮義務も明文化されるなど、本人の人権・意思の尊重に対する配慮が盛り込まれた。

なお、成年後見人・保佐人・補助人の事務を監督する監督人は、状況に応じて選任されるが、任意後見については、任意後見監督人が必ず選任されることとなっている点に注意したい。

2．日常生活自立支援事業

日常生活自立支援事業は、社会福祉法において第二種社会福祉事業として定められている福祉サービス利用援助事業の一つであり、国庫補助事業として都道府県社会福祉協議会を実施主体として発足したものである。

主たるサービス内容は、①福祉サービスの利用援助、②苦情解決制度の利用援助、③住宅改造、居住家屋の賃借、日常生活上の消費契約および住民票の届け出などの行政手続きに関する援助、などであり、これに伴う援助として、預金の払い戻しや解約、預け入れの手続きなど、および日常的金銭管理や書類などの預かりサービス、定期的な訪問による生活変化の察知といったことが行われている。都道府県社会福祉協議会は、同協議会の指導・監査の下、事務の一部を市町村社会福祉協議会に委託することができる。

事業の対象者は、判断能力が不十分な人（認知症高齢者、知的障害者、精神障害者等であって、日常生活を営むのに必要なサービスを利用するための情報の入手、理解、判断、意思表示を本人のみでは適切に行うことが困難な人）であって、本事業の契約内容について判断し得る能力を有していると認められる人である。

サービス利用の流れは、以下のとおりである。

①利用希望者による申請（相談）。

②社会福祉協議会による利用希望者の生活状況、希望する援助内容の確認。

③契約内容について判断し得る能力の判定および社会福祉協議会専門員による支援計画の策定。

④契約の締結。

日常生活自立支援事業の特徴は、契約締結審査会（契約内容や本人の判断能力等の確認を行う）および運営適正化委員会（適性な運営を確保するための監督を行う第三者的機関）を設置することにより、契約による事業の信頼性や的確性を高め、利用者が安心して利用できるしくみとなっていることである。また、日常生活自立支援事業は、契約者本人との契約により、日常生活の範囲内で支援する事業として位置づけられているところが、先述の成年後見制度とは異なるところである。

3．情報提供制度と情報アクセス

福祉サービスの利用者とサービス提供者を比較すると、利用者側には情報が圧倒的に不足している。これは、社会福祉領域に限らないことではあるが、契約制度の下で福祉サービスを提供するには、利用者にサービス商品を選択してもらわないと事業そのものが成り立たない。事業者側も生き残りを懸けて、常によりよいサービス提供法を考え、常にサービス情報を発信することが求められる。しかし一方で、利用者側は日々更新されるサービスに対応できる人とそうでない人に分かれてしまうというような、いわゆる「情報格差」の状態がしばしば見られる。中でも、情報そのものにアクセスしにくい立場に置かれている視覚障害者、聴覚障害者をはじめ、知的障害者や高齢者を考慮した情報の提供が望まれる。もっとも最近では、社会福祉領域に限らず、「情報アクセシビリティ（情報にアクセスできること）」という考え方が広まってきている。契約制度が導入されている現代の社会福祉において、情報格差を解消するしくみづくりは急務である。

また、情報を集めてみたものの、サービスの内容そのものがわかりにくいという声もよく聞かれる。こうしたサービス内容のわかりにくさは、情報の問題よりも制度そのものに課題があることが多い。

４．苦情解決制度

社会福祉サービスを提供する事業主は、社会福祉法第82条において、「苦情の適切な解決の努力義務」を負っている。ここでは、東京都社会福祉協議会の「福祉サービス契約と権利擁護」を紹介する。

一般的に福祉サービスの利用者は、交渉力においてサービス提供事業者に劣っていることは否定できない。そして、基盤整備が不十分であればあるほど、利用者と事業者の力関係は大きく開いていく。この交渉力の不均衡な状態を是正するサブシステムとして「苦情解決制度」がある。

実際に、どのような苦情が多いのだろうか。介護保険に対する苦情では、施設サービスの分野に多く集中する。具体的には、「職員の態度が悪い」、「スキルが不十分で危なっかしくて見ていられない」、「いろいろなことを説明してくれない」等々である。一方、在宅サービスとなると苦情にもいろいろあり、対応に苦慮しているケースも見られる。

福祉サービスをより良いものにしていくためには、こうした苦情をネガティブに捉えるのではなく、ポジティブに捉える姿勢が必要である。つまり、苦情を単なる不平不満をとして捉えるのではなく、むしろ、苦情＝利用者の声と考えることが大切である。

5．障害者の権利擁護

障害のある人々は、社会の中で弱い立場に置かれている。福祉サービス提供形態が、措置から利用契約制度へ変化したことにより自己選択・自己実現が可能となったといわれているが、それは自己管理・自己責任の下での自己実現であることを忘れてはならない。一般的に、障害のある人の声は社会に届きにくく、自身のニーズを伝えることが困難である。そうした状況から、周囲に援助を求められる環境にある人とそうでない人、社会資源を活用できる人とできない人では、自己実現に差が出てくるようになるのが当然である。そこで、障害者の権利擁護の必要性が強調されるようになった。

わが国の障害者の権利擁護を実践している代表的な機関に、全国自立生活センター協議会がある。また、日本各地に、全国自立生活センター協議会に加盟している特定非営利法人自立生活センターが設立されている。この機関は、1970年代から始まった、障害者とその支援者によるまちづくり運動の広がりとともに設立された。自立生活センターの活動内容は、ピア・カウンセリング（障害を抱える当事者どうしが、お互いの悩みなどを分かち合い、助言し合っていくこと）、相談業務、介助者の紹介・派遣業務、移動支援、自立生活プログラムの作成など、多岐にわたっている。また最近では、障害理解を目的とした市民向けのワークショップも開催されている。こうした活動が、障害のある人へのエンパワメント、セルフ・アドボカシーにつながっている。このセンターの設立経緯、基本理念、活動内容は、次節で紹介する米国の自立生活センターと深く関わり合っている。

第3節　米国における権利擁護の展開

1．障害のある当事者の運動と権利擁護

1960年代以降、障害者運動が世界各地で活発に行われ、障害者の権利を求める運動が、当事者を中心に発展した。

障害者運動が最も盛んであった米国では、アフリカ系アメリカ人による公民権闘争、反戦、学生運動、フェミニズム運動などの社会運動が高まる中で、障害者が社会団体や政治に、自身の生活自立の拡大を求める運動が生まれていった。それが、後に自立生活運動（Independent Living Movement）と呼ばれるものである。この運動の発展過程で、障害者の社会参加の重要性が認識されるようになり、政府や関連団体の政策決定者たちに影響を与えるために支援者を動員することが可能となった。

この運動の成果に、自立生活センター（Center for Independent Living）の設立がある。このセンターは、全米各地に設立されている。米国の自立生活センターでは、障害者を福祉サービスの受給者としてでなく、生活者・消費者として捉えているところに特徴がある。

米国各地にある自立生活センターは、障害者が地域社会で自立して生活するための支援を行うことを目的とし、主な活動内容に、アクティビズム（政治参加・積極的な抗議運動）とアドボカシー（権利擁護）活動等がある。

2．アドボカシーとは

ここで取り組まれているアドボカシーの活動は、建築、生活環境、コミュニケーション、人々の意識における障壁の除去を最大の目標としている。この目的が達成された障害者は、住居、教育、医療、雇用等へ

のアクセスが可能となり、自己選択・自己実現へのプロセスを歩むことになる。谷口政隆によれば、「もともと『アドボカシー』は、法廷で他者の答弁（代弁）をすることに関わる言葉であったが、特にアメリカで1960年代の後半から『クライエントに代わって、その権利もしくは受給資格があるサービスを確保するために、機関あるいは専門家などと、クライエントとの仲裁をするのがソーシャルワーカーの専門的な役割のひとつ』とされ、アメリカではソーシャルワーカーを中心に展開しはじめた」［谷口、1998］という。

さらに、谷口は、アドボカシーの種類をいくつか挙げている。

①セルフ・アドボカシー：当事者自身によるものであり、施設やコミュニティの場で具体的に実践に移されていった。

②グループ・アドボカシー：当事者が集団で行うもの。

③リーガル・アドボカシー：法的な側面から権利を主張し、法制度などの改革に迫る活動であり、アメリカ・カナダを中心に展開されている。

④パブリック・アドボカシー：公的に権利を擁護するためのサービス提供上の原則を明確化するなどの活動。

ここで注意しなくてはならないのは、アドボカシーは単なる「代弁」的機能にとどまるものではない。障害のある人の生活をより良いものにするためには、彼ら・彼女らのニーズを代弁するだけでなく、彼ら・彼女らをエンパワーすることも必要とされる。つまり、障害のある人自身が自らのニーズを主張することができるように、彼ら・彼女らの権利擁護に努めることが重要である。

3．自己実現が可能となる社会の創造

従来の福祉のあり方は、措置制度に代表されるように公的責任の範囲内で福祉サービスが提供されるというものであった。しかし、福祉サービスのあり方が利用契約制度へ変化した現代社会においては、私たち

自身がニーズを持つ当事者として福祉サービスにアクセスし、活用していくことで生活の質の向上を目指すことが重要となってくる。すなわち、「サービスありきの福祉」から、「ニーズ優先のアプローチ」をとることが求められている。そうした状況において、すべての人がアドボカシー（権利擁護）を通じて、自己実現が可能となるような社会を、私たち自身で創造していくことも忘れてはならない。つまり私たち一人ひとりが、市民の立場からより良い福祉サービスを求めて、地域社会・組織におけるニーズを集約・発信し、領域を超えて多様な人々や機関と連携していく力が求められている。

【参考文献】

谷口政隆「自立・自己実現の主体としての社会福祉」濱野一郎・遠藤興一編著『社会福祉の原理と思想――主体性・普遍性をとらえなおすために』岩崎学術出版社、1998年、pp.112-129.

中央法規出版編集部編『社会福祉用語辞典〔6訂版〕』中央法規出版、2012年

平田厚『福祉サービス契約と権利擁護――障害者福祉を中心にして』（新しい福祉事業経営ブックレット）東京都社会福祉協議会、2010年

社会福祉と相談援助

村上　満

第1節　相談援助の原理と機能

1．相談援助の原理

（1）保育士に求められている相談援助

『保育所保育指針解説書』では、「保育所においては、子育て等に関する相談や助言など、子育て支援のため、保育士や他の専門性を有する職員が相応にソーシャルワーク機能を果たすことも必要となります。その機能は、現状では主として保育士が担うこととなります。ただし、保育所や保育士はソーシャルワークを中心的に担う専門機関や専門職ではないことに留意し、ソーシャルワークの原理（態度）、知識、技術等への理解を深めた上で、援助を展開することが必要です」［厚生労働省、2008］としている。このように、保育士は必要に応じてソーシャルワークを展開することが求められていることが分かる。

ソーシャルワークの定義については、2000年、国際ソーシャルワーカー連盟（IFSW）が、「ソーシャルワーク専門職は、人間の福利（ウェルビーイング）の増進を目指して、社会の変革を進め、人間関係における問題解決を図り、人びとのエンパワーメントと解放を促していく。ソーシャルワークは、人間の行動と社会システムに関する理論を利用して、人びとがその環境と相互に影響し合う接点に介入する。人権と社会正義の原理は、ソーシャルワークの拠り所とする基盤である」としている。

また、相談援助については、社会福祉専門職の国家資格である社会福祉士を規定する「社会福祉士及び介護福祉士法」（第2条）で、「身体上若しくは精神上の障害があること又は環境上の理由により日常生活を営むのに支障がある者の福祉に関する相談に応じ、助言、指導、福祉サービスを提供する者又は医師その他の保健医療サービスを提供する者その他の関係者との連絡及び調整その他の援助を行うこと」と位置づけられている。このように、社会福祉における援助活動を総称する言葉としてソーシャルワークと相談援助があるが、本章では同義で用いることとする。

(2) 相談援助の原理

相談援助の原理については、わが国ではいくつかの提案がなされているが、岡村重夫の4つの原理が代表的なものとされている［岡村、1983］。

①社会性の原理

人間を“社会関係的存在”である生活者として捉えるため、問題とされる生活困難は、社会関係の困難だと考える。したがって、人間の社会生活上の基本的要求を充足するための社会制度と個人との間の社会関係を維持し発展するよう援助することである。

②全体性の原理

個人が、社会開係的存在として生きていくためには、多数の社会制度との間に多数の社会関係を持たなくてはならないが、多数の社会関係をバラバラのものとして捉えるのではなく、全体的関連において、矛盾なく調和するよう援助することである。

③主体性の原理

個人は多数の社会関係に規定されながらも、なおそれらの社会関係を統合する主体者であるとして、社会制度の中から自分に必要とするものを選択したり、時にこれを変革するように働きかけて、社会人としての役割を実行できるよう援助することである。

④現実性の原理

生活とは、休んだりやめたりできるものではないため、社会生活上の基本的要求を充足させるためには、常に現実の生活とは切り離せないという現実的課題に対して援助することである。

2. 相談援助の視点

相談援助の視点は、前述の国際ソーシャルワーカー連盟の定義の中で捉えることができ、図で示すと**図表1**のとおりとなる。

①人と環境の交互作用（相互作用）を生活全体の中で捉える

人と環境とを分けて考えず、社会生活における相互の影響、つまり、

図表1　相談援助の視点

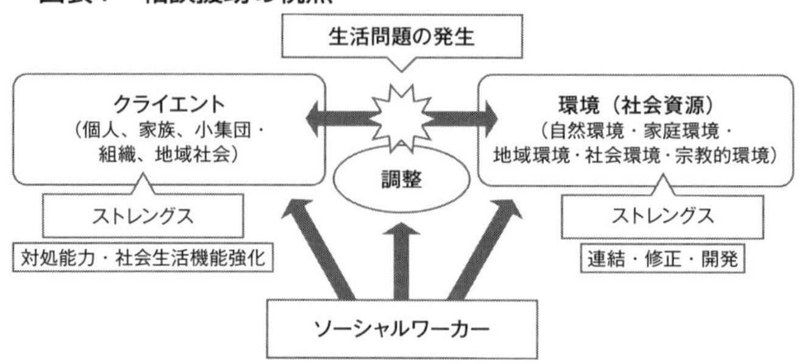

出典：［社会福祉養成講座編集委員会、2011］ p.105を基に作成

性格や能力等個人の問題ではなく、個人を取り巻く環境の問題として捉えて、社会環境を調整し、社会生活機能を強化していくという人の営み全体の中で把握するという視点である。

②環境を社会資源として捉え、連結・修正・開発していく

社会資源は相談援助を構成する最も基本的な要素であると捉えて、相談援助の対象となるクライエントのニーズと社会資源を連結・修正していくという視点である。クライエントの対処（コーピング）能力を高めるとともに、社会資源の開発までをも視野に入れていく視点である。

③ソーシャルサポート（社会的支援）ネットワークを構築する

フォーマル（公的機関、専門家等）な支援だけでなく、インフォーマル（家族、近隣住民、友人、ボランティア等）な支援を組み合わせてネットワークづくりを行っていくという視点である。

④エンパワメントを実践し、ソーシャルアクションを展開する

差別的・抑圧的な社会環境によって力を失っている（パワーレスネス）状態にあるクライエントの生活（人生）をリカバリーできるよう働きかけるとともに、社会全体をも変革していこうとする視点である。

3．相談援助の重視すべき機能

(1) ストレングス

これまでの伝統的なクライエントの捉え方としては、クライエントを

「問題を抱えた人」として、病理的な側面や欠陥といった否定的な側面ばかりに目を向け、それを克服させようと援助してきた。そのため、クライエントの肯定的な変化を期待しにくく、また対等なパートナーシップも築きにくいという問題点を抱えていた。

そこで、これまでの反省点を踏まえ、1980年代後半から、「強さも持って生活している人」として捉えていく視点が導入された。ストレングス（strength）の考え方では、地域社会はオアシスであるとする発想の下、クライエントや環境が持っている「強さ」に焦点を当てていく。具体的には、①クライエントの身体機能的能力（ADL、IADL）、②認知的能力（理解力や学習能力）、③肯定的な心理的状況（夢、自信、目標、意欲、抱負、希望、好み等）、④身につけた能力（知識、才能、技能、熟達していること等）［社会福祉養成講座編集委員会、2010］のほか、⑤地域社会の人的資源（近くに児童委員が住んでいる等）や物理的資源（近くに保育所、公園、コンビニエンスストアがある等）等がある。

(2) エンパワメント

相談援助分野においては、1976年にバーバラ・ソロモン（B. Solomon）が『黒人のエンパワーメント──抑圧された地域社会におけるソーシャルワーク』を著したことで、エンパワメント（empowerment）の概念が注目され、今日に至っている。人種をはじめ、疾病、障害、貧困、性等を理由に、社会から差別・抑圧された社会的弱者を対象に、本来持っている主体性や人権等をリカバリーできるよう、心理的・社会的に支援していくとともに、抑圧的な社会環境を変革していくまでの一連の過程を表している。また、ストレングスとも結びついており、クライエントの強さである能力、意欲、自信といったストレングスを確認できたとき、クライエントは励まされ、希望を持つことができ、エンパワメントされるということになる。

国際ソーシャルワーカー連盟も、「ソーシャルワーク専門職は、人間の福利（ウェルビーイング）の増進を目指して、（中略）人びとのエンパワメントと解放を促していく」とソーシャルワークの定義の中で示しており、ソーシャルワーク専門職の大きな役割の一つとなっている。

(3) アドボカシー

アドボカシー（adovocacy）は、弁護、代弁、権利擁護と訳され、クライエントの権利を守る重要な機能である。具体的には「代弁者が本人のために、本人に代わって意見を述べること」、あるいは「ソーシャルワーカーがクライエントの生活と権利を擁護するために、その知識と技術を駆使して、主として行政・制度や社会福祉資源・施設の柔軟な対応や変革を求めて行う専門的・積極的な弁護活動」と定義づけられている［社会福祉養成講座編集委員会、2011］。

アドボカシーには、①一人のクライエントの権利を守るケース（case）アドボカシー、②特定のニーズを持つ集団の権利を守るクラス（コーズ：cause）アドボカシーがある。この2つのアドボカシーは、自己の権利や援助のニーズを、主張や表明が困難な子どもや障害者等に代わり、専門職が代理となってその獲得を行う活動である。したがって、社会変革を目指すソーシャルアクションも、クライエントの利益を守るための権利擁護活動であると言える。

第2節　相談援助の方法

1．相談援助の種類

柏女霊峰らは、子ども家庭福祉分野における相談援助を「子どもや子育て家庭が抱える個々の生活課題に対して、その人に必要なソーシャルサポートネットワークづくりを行い、あるいはケースマネージメントに

図表2　保育現場における相談援助の位置づけ

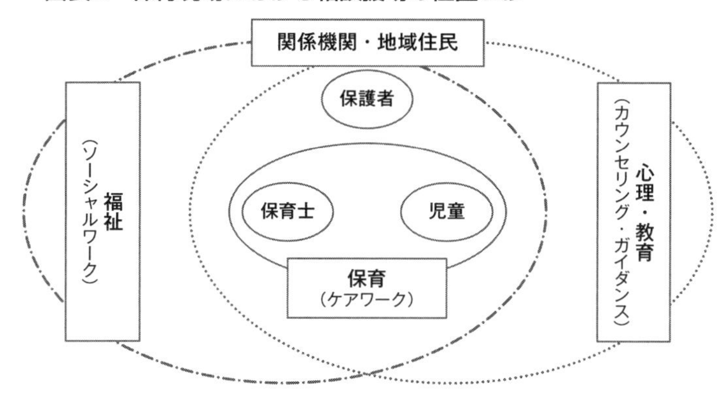

出典：［福丸・安藤・無藤、2011］p.122を基に作成

よる問題解決を志向し、かつサービス利用後の関係調整等を行い、更に、同種に問題が起きないように福祉コミュニティーづくりをめざす一連の活動である」［柏女ほか、2000］としている。

保育現場においても、日常保育としてのケアワークのほかに、子どもたちを取り巻く環境から生じる生活課題の解決に向けて、相談援助が必要とされている。したがって、保育士の援助対象も、子どもだけでなく、保護者やそれらを取り巻く環境（関係機関、地域住民）を視野に入れたものとなっている（**図表2**）。

相談援助を展開する方法には、①面接等を通して信頼関係を結び、直接顔を合わせながら支援する「直接援助技術（個別援助技術・集団援助技術）」、②環境づくり等を通して、クライエントを側面から支援する「間接援助技術（地域援助技術ほか）」、③関連援助技術（カウンセリングほか）がある。

2.　個別援助技術（ケースワーク）の展開

個別援助技術は相談援助の中心的な方法の一つであり、1869年イギリスのロンドンに設立された慈善組織協会（COS）の友愛訪問活動にその萌芽が見られる。その後、アメリカのリッチモンド（M. E. Richmond）

によって発展を見た。「ケースワークとは、人間と社会環境との間を個別的に調整することによって、人間のパーソナリティの発達を促す過程である」と定義され、体系化されている。

また、バイステック（F. P. Biestek）は、ケースワークでの援助関係に必要不可欠な原則を７つに整理している。そこで、バイステックの原則を踏まえながら、保育士がケースワークを用いて援助する場合（保育所での子育て等に関する面接相談〈家族の協力、発達段階、障害、虐待等〉や児童養護施設等での子どもとの面接相談等）について概説する。

①児童・保護者を固有な個人として捉える（個別化の原則）

子どもや保護者が表現する言動や生活課題等は、一人ひとり異なるという個性や問題の独自性（背景・身体的状況〈バイオ〉・心理的状況〈サイコ〉・生活環境や生活状況〈ソーシャル〉）を捉えながら、児童・保護者の視点に立って、尊重し、援助しなければならない。

②児童・保護者の感情表現を大切にする（意図的な感情表出の原則）

虐待等で自分の感情や本音をうまく表現できない児童や、夫の暴力や子育てに非協力的な家庭環境にある母親等からの否定的な言葉や態度に対しても、理解しながら的確に受け止めて、感情を表現しやすくするための雰囲気づくりを行って援助しなければならない。

③保育士は自分の感情を自覚して吟味する（統制された情緒的関与の原則）

児童や保護者の相談する内容に対して、さまざまな感情を抱くことがあっても、保育士は動揺することなく、自分自身の感情の動きを的確に把握し、その感情をコントロールしながら、冷静な判断のもとに、児童や保護者の声なき声に耳を傾けて援助しなければならない。

④児童・保護者のあるがままの姿を受け止める（受容の原則）

児童や保護者は、自分自身の相談内容や存在価値を受け入れてほしい、認めてほしいといったニーズが根底にあるため、まずはあるがままに受け入れるとともに、そのような考え方や行動に至った経緯も理解して、人間性と価値観を尊重して援助しなければならない。

⑤児童・保護者を一方的に非難しない（非審判的態度の原則）

児童・保護者が不適切と思われる言動を行った場合でも、保育士は独断的な倫理観や価値判断で一方的に非難したり叱責することなく、共に考えていこうとする態度で、児童や保護者の潜在的な可能性や能力等を総合的に捉えながら援助しなければならない。

⑥児童・保護者の自己決定を促して尊重する（クライエントの自己決定の原則）

児童・保護者は、自分自身の意志で決定し、問題解決を図ることによって、今後の生活問題に対しても、自分で対処・対応することができるようになるため、保育士は、多くの選択肢を挙げて、主体性を強化し、選択と決定の力を引き出す援助をしなければならない。

⑦児童・保護者の秘密を保持して信頼関係を醸成する（秘密保持の原則）

児童・保護者の相談では、他人には知られたくない、話したくない秘密の内容を打ち明けることも多いため、保育士は、「個人情報保護」という観点から、本人の了解なしには第三者に公開しないことを約束し、信頼関係を構築していく援助をしなければならない。

3．集団援助技術（グループワーク）の展開

集団援助技術の源流は、19世紀半ばのイギリスにおけるYMCA（キリスト教青年会）等の青少年団体活動や、1884年にロンドンで世界最初に設立されたセツルメント・ハウス（トインビー・ホール）による活動といわれる。その後、グループワークの母と言われるコイル（G. L. Coyle）やコノプカ（G. Konopka）らがアメリカで集団援助技術の理論化に貢献し、発展させてきた。

個別援助技術と異なる点は、複数（2名以上）のクライエントを対象に援助していくことである。具体的には、2名以上の小グループに対し、プグラム活動を通じて、メンバーどうしの相互作用（グループ・ダイナミクス）を活性化しながらメンバーの成長・発達を図るとともに、集団、社会生活が送れるよう援助することである。

したがって、集団援助技術を展開するための要素には、①集団・社会生活への適応が困難なクライエント、②福祉専門職（グループワーカー）、③小グループ、④目的達成のためのプログラム活動、⑤グループの課題達成や問題解決に役立つ社会資源、の５つがある。

また集団援助技術には、孤独感や不安、寂しい気持ちを共有したり解決したりする働きもある。例えば、児童養護施設、児童自立支援施設では、親から見離されたり虐待を受けてきたことで子どもらしい生活を送ることができず、また、さまざまな感情も抑えられがちである。そこで、児童指導員（保育士等）による集団援助技術が展開される。児童の言動や態度をうまく表出させ、プログラム活動を効果的に展開することは、メンバーの自覚や自信を取り戻したり、一人ではできなかった行動を可能にしたり、みんなで結束していこうという一体感を作り上げていくことに有効である。

その他、母子家庭の母親、障害がある子どもを持つ母親、子育てに悩む母親等、同じ環境下での悩みや経験がある者どうし（ピアグループ）がうまくサポートしあえるよう援助していく場面も考えられる。

４．地域援助技術（コミュニティワーク）の展開

間接援助技術は、直接援助技術をスムーズに展開するための環境づくりを行う援助技術である。コミュニティワークは、その間接援助技術の中心となる方法であり、本章でもこれを中心に取り上げる。

コミュニティワークは、アメリカでコミュニティ・オーガニゼーション（組織化）として1930年代から発展してきた。マレー・ロス（M. Ross）は、「地域社会が自ら、その欲求と目標の発見やその順位づけを行い、さらにそれを達成する確信や意志を開発し、必要な資源を内部・外部に求めて実際行動を起こす。このようにして共同社会が団結協力して実行する態度を養い、育てる過程が共同社会組織化事業である」［松本、2005］と定義している。つまり、地域社会の問題を住民相互の連帯と協

働という主体的参加を通して住民・地域組織の組織化を図る総合的な実践活動である。

保育所は今後、地域の中で子育てに悩む保護者の相談援助機関としての役割を担うことも期待されていることから、保育士は地域の子育て環境等にも目を向ける必要がある。そこで、これまでの個人・家族への支援に加え、地域のニーズも把握していくための方法として、積極的に出向いていくというアウトリーチ型の支援が重要になる。

そのほか間接援助技術には、①社会活動法（ソーシャルアクション）、②社会福祉運営管理（ソーシャルアドミニストレーション）、③社会福祉調査法（ソーシャルワークリサーチ）、④社会計画法（ソーシャルプランニング）がある。

5. 関連援助技術

関連援助技術とは、直接援助技術や間接援助技術を進めていくうえで活用できる隣接領域の援助技術のことである。以下、保育士として実践現場で用いられる援助技術で重要と思われる順に解説する。

①カウンセリング

子どもの精神的問題や保護者との関係を捉えて面談（受容、傾聴、共感）や心理療法を試みながら、パーソナリティや問題の背景にある不安や恐怖等に働きかけ、性格や行動の改善、精神や身体の統合を目指し、人間性の発達や人格的な成長を図るものである。

②スーパービジョン

主任保育士等、経験豊かな専門家が、実際に援助を行っている同僚や後輩の保育士、実習（研修）学生等に対して、援助方法等について学習や指導を行い、管理的・教育的・支持的機能を果たしていくことである。

③コンサルテーション

子どもたちの社会生活を包括・統合的な視野や発想で支援していくために、隣接領域の専門家（医師等の医療の専門家や社会福祉士等の福祉の専門家、臨床心理士等の心の専門家等）に個別や集団で相談や助言等の専門的援助を受けることである。

④ネットワーク

専門職（看護師、児童福祉司等）や専門機関（病院、児童相談所等）によるフォーマルな資源と家族や近隣住民、ボランティア（児童委員等）といったインフォーマルな資源をうまく組み合わせながら、支援関係網を形成していくことである。

⑤ケアマネジメント（ケースマネジメント）

在宅や施設で複数のニーズを抱えている当事者に対し、医療・保健・福祉等、複数のサービスを有効的かつ敏速に提供するために連絡・調整を行いながら、安定した日常生活が継続できるよう連携を図っていく援助手法のことである。

第3節　相談援助の展開過程

相談援助では、一定のプロセスの下で支援が展開される（図表3）。以下、各プロセスにおけるポイントを概説する。

①ケースの発見（出会い）：子どもや家族が直接相談に出向いてくるとは限らないため、相談援助を必要とする子どもや家族（ケース）を発見するには、近隣住民や児童委員をはじめ地域のさまざまな組織や団体によるネットワークの形成が重要となる。また、相談援助者自らが、地域に積極的に出かけていくアウトリーチを行い、ケースを発見する場合もある。

②インテーク：子どもや家族の主訴を受容・共感しながら、問題の所在を明らかにしていくとともに、相談援助者が所属する機関や施設等が提供するサービスについてのインフォームド・コンセント（説明と同意）を行う。その際、子どもや家族との信頼関係（ラポール）の形成を

図表3　ソーシャルワーク（相談援助）のプロセス

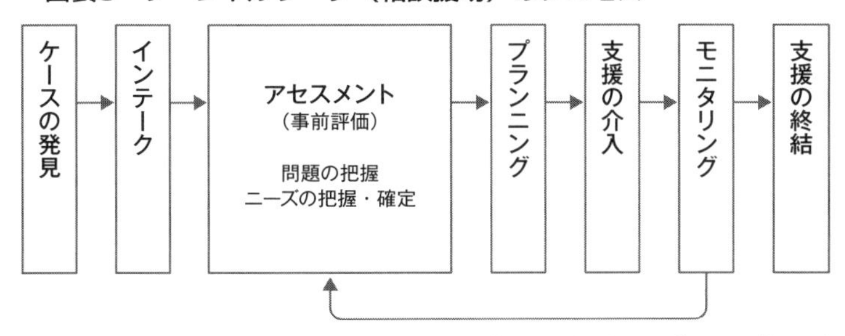

出典：［社会福祉養成講座編集委員会、2011］p.94を基に作成

図ることが重要である。対応できない場合は、他機関・施設を紹介する場合もある。

③アセスメント：子どもや家族の社会生活の全体性（身体的状況、心理的状況、社会環境状況）を見ながら、直面している問題や状況の本質・原因・経過・予測を理解するために、事前評価していく一連のプロセスである。その際、幅広い視野（ストレングス視点等）を持って、子どもや家族のニーズ把握とニーズ確定を行っていくことが重要である。

④プランニング：アセスメントで得たデータに基づき、課題の解決に向けて、「子どもや家族がどのような生活をしていきたいのか」等、短期・中期・長期の具体的目標の設定と、実現可能性に十分配慮した援助計画を作成することである。その際、子どもや家族の参加は不可欠であり、問題解決の主体者として自己決定を促していくことが重要である。

⑤支援の介入：子どもや家族に承諾された援助計画に沿って支援を実行していくことである。そこで、抱える生活課題の解決に向けて、個々のサービス機関等とのケース会議（サービス担当者会議）を開催し、課題や目標を共有しながら連携を図っていくことが重要である。場合によっては、社会資源の開発を行っていく場合もある。

⑥モニタリング：援助計画に沿って実施されたサービスが「どのような効果があったか」「見直しは必要ないか」等、定期的にその支援経過を観察するとともに、サービスを総合的に評価していくことである。子

どもや家族の生活は日々変化しているという視点に立ち、変更が生じる場合も、自己選択・自己決定、苦情表明を保障した関わりが重要である。

⑦終結：子どもや家族の抱える問題が解決した場合や転校、死亡等、なんらかの事情により援助の必要性がなくなったと判断した場合に、援助は終結する。その際、将来新たな問題が発生した場合には、再び援助関係を結ぶことが可能であり、その受け入れ準備もあること等を伝えておくことが重要である。

【引用・参考文献】

一番ケ瀬康子ほか『社会福祉援助技術』一橋出版、2004年

岡村重夫『社会福祉原論』全国社会福祉協議会、1983年

厚生労働省『保育所保育指針解説書』フレーベル館、2008年

櫻井慶一編著『養護原理』北大路書房、2007年

社会福祉辞典編集委員会編『社会福祉辞典』大月書店、2002年社会福祉士養成講座編集委員会『現代社会と福祉』中央法規出版、2009年

社会福祉士養成講座編集委員会『相談援助の基盤と専門職』中央法規出版、2009年

社会福祉士養成講座編集委員会『相談援助の理論と方法Ⅰ』中央法規出版、2010年

社会福祉士養成講座編集委員会『相談援助の理論と方法Ⅱ』中央法規 出版、2011年

千葉茂明・宮田伸朗編『新・社会福祉概論』みらい 、2004年

中央法規出版編集部編『社会福祉用語辞典』中央法規出版、2010年

福丸由佳ほか編著『保育相談支援』北大路書房、2011年

前田敏雄監修『演習・保育と相談援助』みらい 、2011年

松本寿昭編著『社会福祉援助技術』同文書院 、2005年

社会福祉の専門職

伊藤　陽一

第1節　社会福祉サービスの担い手

1．社会福祉の専門職制度と人材確保

わが国の社会福祉の専門職制度は、1951年に制定された社会福祉事業法（現在は社会福祉法）で社会福祉主事が置かれたことに始まる。その後、社会情勢の急速な変化に伴い、多様化する福祉ニーズへの対応が困難となったため、1987年に「社会福祉士及び介護福祉士法」が、また1997年に「精神保健福祉士法」が制定された。さらに、2001年に児童福祉法の一部が改正され、地域の子育ての中核を担う専門職として、保育士資格が国家資格（2003年施行）になった。

また、高齢化・少子化社会の進行などにより、福祉サービスに対するニーズの増大・複雑化が予想され、福祉の人材確保に積極的に取り組まなければ深刻な人材難が起こることから、1992年６月に「社会福祉事業法及び社会福祉施設職員退職手当共済法の一部を改正する法律」（福祉人材確保法）が成立し、都道府県福祉人材センター、中央福祉人材センター、福利厚生センターが法律上規定された。これに基づいて、1993年４月に厚生大臣告示「社会福祉事業に従事する者の確保を図るための措置に関する基本的な指針」（人材確保指針）が示された。さらに2007年、福祉・介護サービスを取り巻く状況の大きな変化に対応した、新人材確保指針を告示し、「労働環境の整備の推進」「福祉・介護サービスの周知・理解」「潜在的有資格者等の参入の促進」等の社会福祉専門職の人材確保の必要性を指摘している。

2．社会福祉専門職の連携とチームアプローチ

今日の社会では人々の生き方が多様化し、生活に関する問題が多く出

現し、福祉に関するサービスの利用者のニーズも多様化・複雑化している。このような状況の中で、社会福祉に従事する専門職が、ただ一人だけでサポートすることは不可能である。専門職一人の個別支援だけではなく、複数の専門職や援助者がチームを組んで対応することが適切であろう。福祉とその問題に関連する専門職や援助者（医療・保健・心理等）がそれぞれの知識や技能を発揮しながら、問題を抱えている本人や家族への援助に取り組むことを「チームアプローチ」と呼ぶ。このチームアプローチは、児童福祉施設を含む社会福祉施設、保健医療施設等の多くの専門職が勤務する職場で日常的に行われている。

第2節 社会福祉専門職の専門性と業務内容

福祉に従事する専門職の資格に、法律に基づいて試験等を行い、知識や技能が一定の段階以上に達していると取得できる「国家資格」と、地方自治体等の公務員として特定の職業ないし職位に任用時に必要で、大学等で一定の科目を履修し卒業すると取得できる「任用資格」がある。保育士、社会福祉士、精神保健福祉士、介護福祉士は、国家資格である。

1．保育士

保育士は、児童福祉法第18条の４で「保育士の名称を用いて、専門的知識及び技術をもって、児童の保育及び児童の保護者に対する保育に関する指導を行うことを業とする者をいう」と位置づけられている。2010年10月の時点で、児童福祉施設を含む社会福祉施設で34万7180人が従事し、その内訳は、保育所に33万1048人、児童福祉施設（保育所を除く）に1万4683人、社会福祉施設に1442人となっている。

保育士の専門性は、『保育所保育指針解説書』に言及されており、①子どもの発達に関する専門的知識を基に子どもの「成長・発達を援助す

図表１　保育士の資格取得ルート

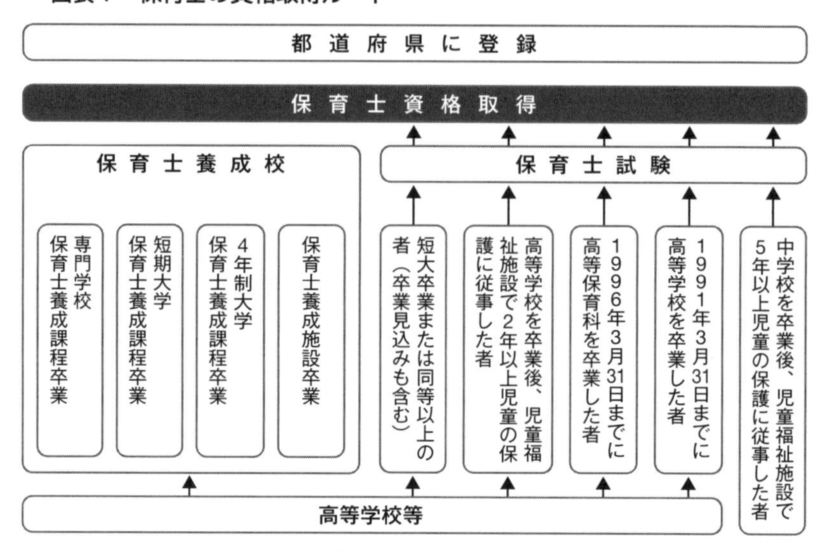

出典：松山市社会福祉協議会「保育士の資格取得ルート」を基に作成

る技術」、②子どもの発達過程・意欲を踏まえ、子ども自らが生活していく力を助ける「生活援助の知識・技術」、③保育所内外の空間・物的環境、遊具や素材、自然・人的環境を生かした「保育の環境を構成していく技術」、④子どもの経験や興味・関心を踏まえた「遊びを豊かに展開していくための知識・技術」、⑤子どもどうしの関わりや子どもと保護者の関わりなどを見守り、その気持ちに寄り添いながら適宜必要な援助をしていく「関係構築の知識・技術」、⑥保護者等への「相談・助言に関する知識・技術」などが挙げられる［厚生労働省、2008］。保育所以外の児童福祉施設に勤務する施設保育士は、上記の他に、⑧児童相談所や他機関等への「相談・連携に関する知識・技術」、⑨子どもの将来に対する支援「リービングケア・アフターケアに関する知識・技術」などが挙げられる。

また、保育士の業務としては、①保育計画、指導計画の立案・作成、②日常保育活動、③保育日誌、児童原簿、記録簿、クラス便り等の作成、

④健康・安全管理、⑤環境整備（担当クラスの物品管理及び清掃等）、⑥園務分担（各種会議・行事企画等）、⑦保護者（家庭）に対しての連絡調整等が挙げられる。さらに施設保育士は、⑧生活援助・指導、⑨学習援助・指導、⑩余暇活動、⑪家庭調整等を行っている。

保育士の資格は国家試験であり、その取得ルートは**図表1**のとおりとなっている。

2．社会福祉士

わが国では社会福祉の専門職として、福祉事務所に社会福祉主事が置かれていたが、経済成長した中で、都市化・高齢化・少子化等の社会情勢の変化により、社会福祉サービスの拡充と多様化に対応するために、1987年に「社会福祉士及び介護福祉士法」が成立した。2007年12月に改正が行われ、養成課程の見直し等が行われた。

社会福祉士は、同法の第2条第1項に「社会福祉士の名称を用いて、専門的知識及び技術をもって、身体上若しくは精神上の障害があること又は環境上の理由により日常生活を営むのに支障がある者の福祉に関する相談に応じ、助言、指導、福祉サービスを提供する者又は医師その他の保健医療サービスを提供する者その他の関係者との連絡及び調整その他の援助を行うことを業とする者」と規定されている。

社会福祉士の業務内容は、援助を必要としている人やその家族の相談に対する助言・指導、関係機関と連絡・調整を図り個別のニーズに合わせてサービスをコーディネイトすることなどである。勤務する施設・機関としては、老人福祉施設、有料老人ホーム、介護老人施設、身体障害者福祉施設、知的障害者福祉施設、児童福祉施設等の福祉施設全般と福祉事務所、児童相談所等の公的社会福祉機関や一般病院、精神病院等の保険医療機関、都道府県および市町村の社会福祉協議会等が挙げられる。

社会福祉士の資格は、国家試験に合格することで取得できる。その取得ルートは、**図表2**に示したように、法律に基づいて多岐にわたる。

図表２　社会福祉士の資格取得ルート

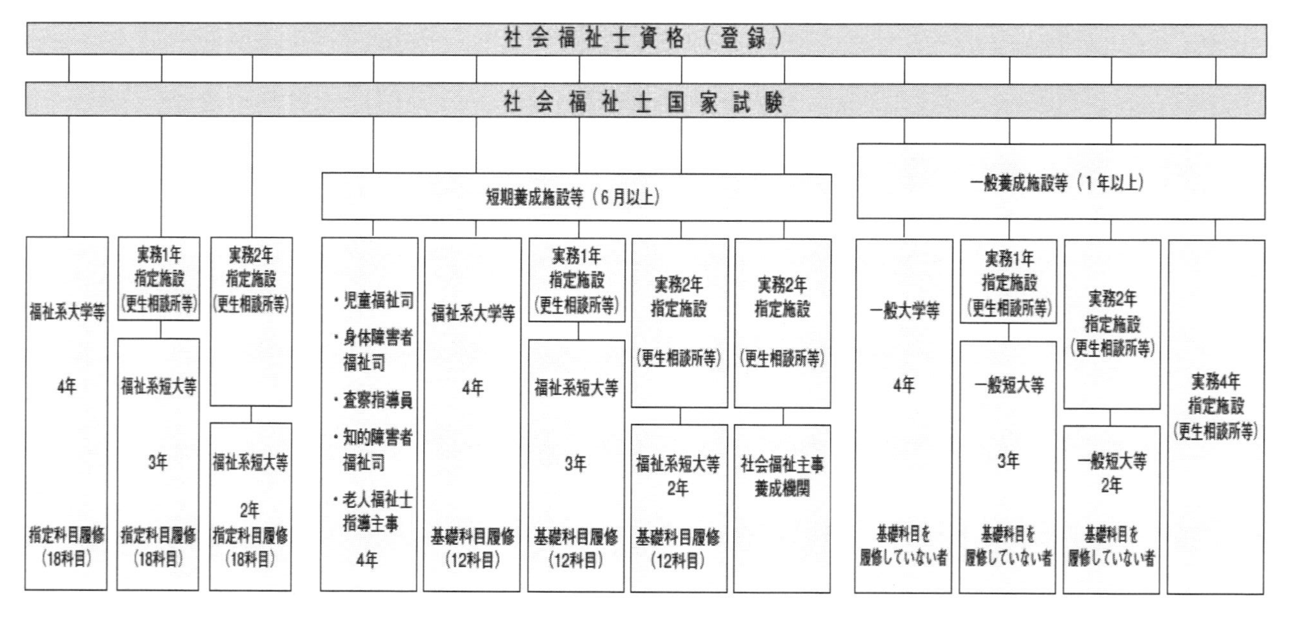

出典：厚生労働省「平成 24 年度 厚生労働白書 資料編」p.201

３．介護福祉士

1963年に、高齢者の心身の健康の保持や生活の安定など、高齢者の福祉を図ることを目的として「老人福祉法」が公布された。その後、急激な高齢化が進行し、高齢者の介護の分野での専門的な知識や技術を持った専門職が正しい介護に当たるべきだという声が高まり、1987年に「社会福祉士及び介護福祉士法」が制定され、介護福祉士という国家資格が誕生した。

介護福祉士は、同法の第２条第２項に「介護福祉士の名称を用いて、専門的知識及び技術をもって、身体上又は精神上の障害があることにより日常生活を営むのに支障がある者につき心身の状況に応じた介護を行い、並びにその者及びその介護者に対して介護に関する指導を行うことを業とする者」と規定されている。

介護福祉士の業務内容としては、次の４つが挙げられる。

①身体介護：食事、排泄、衣服の着脱、ベットから車いす、車いすから車等への移乗や歩行の介助、入浴、身体の衛生管理等の援助を行う。

② 生活援助：食事支援（調理等も含む）、掃除、洗濯、整理整頓、外出への同行（買い物、通院等）等の日常生活に関わる援助を行う。

③相談・助言：利用本人と介護に関わる家族に対して、生活や身上、

図表３　介護福祉士の資格取得ルート

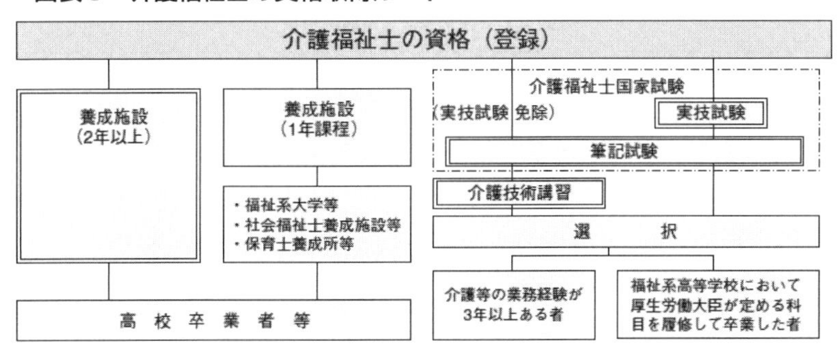

出典：厚生労働省「平成 24 年度 厚生労働白書 資料編」p.201

介護に関しての相談に乗り、助言を行う。

④社会活動援助：利用者本人および介護に関わる家族や近隣の住民との対人関係の調整、生きがいや趣味等で利用する施設や機関等の調整を行う。

介護福祉士の資格は、社会福祉士と同様に国家試験に合格すると取得できる。取得ルートは**図表３**に示したとおりになっている。

４．精神保健福祉士

日本の社会は近年、物質的な豊かさを追求してきた。しかし、自殺者数は2011年まで長年にわたって年間３万人を超え、特に中高年の男性の自殺が増えている。また、子どもの虐待は、ニュースを聞かない日がないほど連日のように取り上げられている。このようなストレスを抱える社会で、人権の担保や社会復帰促進の支援を行う人材の確保という観点から、1997年12月「精神保健福祉士法」が成立し、精神保健福祉士の国家資格が創設された。

精神保健福祉士は、同法第２条で「精神保健福祉士の名称を用いて、精神障害者の保健及び福祉に関する専門的知識及び技術をもって、精神科病院その他の医療施設において精神障害の医療を受け、又は精神障害者の社会復帰の促進を図ることを目的とする施設を利用している者の地域相談支援の利用に関する相談その他の社会復帰に関する相談に応じ、助言、指導、日常生活への適応のために必要な訓練その他の援助を行うことを業とする者」と規定されている。

精神保健福祉士の業務内容は、①精神障害者の相談に応じる、②精神障害者に対する助言・指導を行う、③精神障害者に対する日常生活への適応のために必要な訓練を行う、④その他の援助（休業・休学に関する手続き、医療費の確保の手続き等）を行う――の４つに分けられる。

精神保健福祉士の資格取得ルートは、**図表４**に示したとおりになっている。

図表4　精神保健福祉士の資格取得ルート

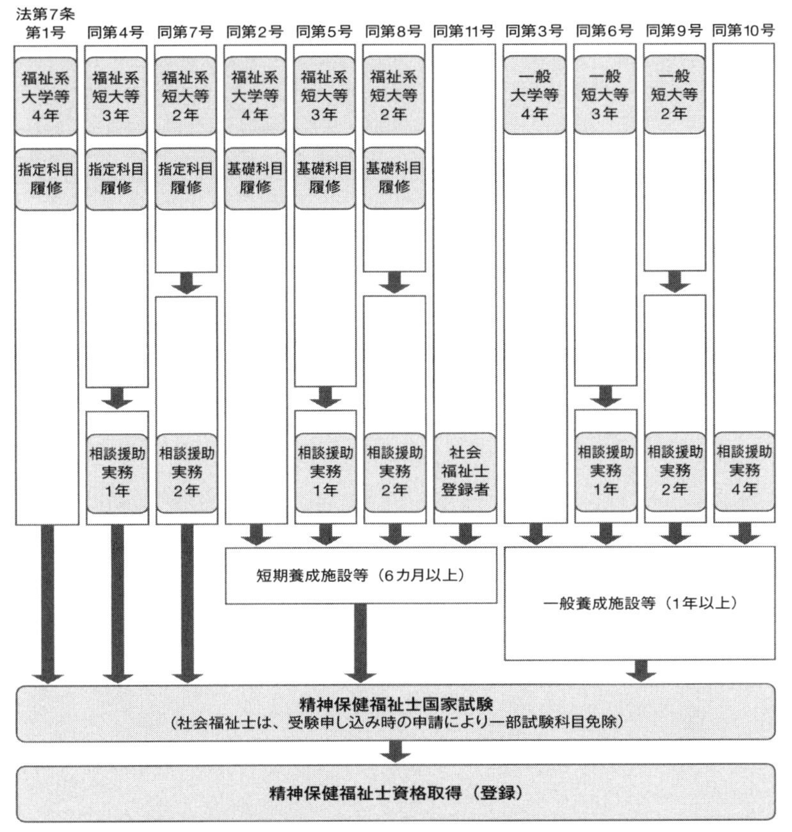

出典：公益財団法人社会福祉振興試験センター「精神福祉士国家試験資格取得ルート図」を基に作成

5．その他の専門職

国家資格を持つ社会福祉専門職の他に、任用資格、認定資格（公的および民間）等で社会福祉に従事する社会福祉専門職がある。

(1) 社会福祉主事

社会福祉士が登場する以前は、社会福祉士主事が社会福祉を担う従事者として中心だった。社会福祉主事は任用資格であり、社会福祉法第

図表５　厚生労働大臣が指定する社会福祉に関係する科目

社会福祉概論、社会保障論、社会福祉行政論、公的扶助論、身体障害者福祉論、老人福祉論、児童福祉論、家庭福祉論、知的障害者福祉論、精神障害者保健福祉論、社会学、心理学、社会福祉施設経営論、社会福祉援助技術論、社会福祉事業史、地域福祉論、保育理論、社会福祉調査論、医学一般、看護学、公衆衛生学、栄養学、家政学、倫理学、教育学、経済学、経済政策、社会政策、法学、民法、行政法、医療社会事業論、リハビリテーション論、介護概論

出典：厚生労働省「厚生労働大臣の指定する社会福祉に関する科目」p.8を基に作成

19条で、「社会福祉主事は、事務吏員又は技術吏員とし、年齢20年以上の者であって、人格が高潔で、思慮が円熟し、社会福祉の増進に熱意があり、かつ、次の各号のいずれかに該当するもののうちから任用しなければならない」と規定されている。

社会福祉主事の資格取得は、①学校教育法に基づく大学等で、厚生労働大臣の指定する社会福祉に関する科目を修めて卒業した者（**図表５**）、②厚生労働大臣の指定する養成機関又は講習会の課程を修了した者、③厚生労働大臣の指定する社会福祉事業従事者試験に合格した者等がある。

社会福祉主事の業務内容は、生活保護、老人福祉、身体障害者福祉、知的障害者福祉、児童福祉、母子及び寡婦福祉等における援護・育成・更生に関する事務等を行う者である。勤務する施設・機関としては、福祉事務所や地方公共団体の福祉施設等がある。

(2) 介護支援専門委員（ケアマネージャー）

介護支援専門員は、都道府県知事から資格が与えられる公的資格であり、介護保険法の第７条第５項に、「要介護者又は要支援者からの相談に応じ、及び要介護者等がその心身の状況等に応じ適切な居宅サービス、地域密着型サービス、施設サービス、介護予防サービス又は地域密着型介護予防サービスを利用できるよう市町村、居宅サービス事業を行う者、地域密着型サービス事業を行う者、介護保険施設、介護予防サービス事業を行う者、地域密着型介護予防サービス事業を行う者等との連絡調整

図表6　介護サービスの流れ

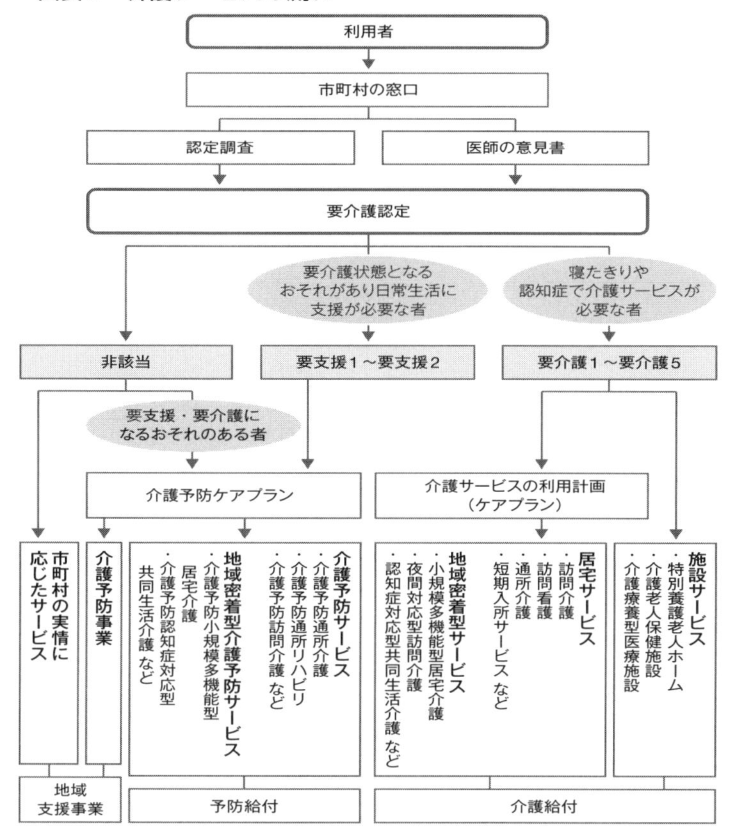

出典：厚生労働省「公的介護保険制度と今後の現状と役割」2010年を基に作成

等を行う者であって、要介護者等が自立した日常生活を営むのに必要な援助に関する専門的知識及び技術を有するものとして第69条の７第１項の介護支援専門員証の交付を受けたものをいう」と規定されている。

介護支援専門員の業務内容は、**図表6**のサービスの流れに沿って、①代行業務（利用者の代わりに、要介護認定を受けるための書類を役所に提出する業務を代行する）、②聞き取り調査（利用者やその家族に、サービスの種類の説明をし、利用者や利用者家族の希望や状況を詳しく把握する）、③ケアプラン作成（聞き取り調査後に介護サービスのケアプランを作成する）、

④会議の開催（サービス担当者会議を開く）、⑤モニタリング業務（ケアプランの有効性の確認、利用者や利用者家族の状況変化の確認等を利用者宅に出向いてモニタリングを行う）、⑥その他の業務（新規顧客の相談対応、必要書類の作成等）がある。

資格を取得するには、資格の要件と実務経験を満たし、都道府県が実施する介護支援専門員実務研修受講試験に合格し、都道府県が実施する実務研修を受講し「修了証」の交付を受けて初めてケアマネージャーとして働くことができる。

(3) 民生委員・児童委員・主任児童委員

民生委員・児童委員は、都道府県知事の推薦により、厚生労働大臣から委嘱される。民生委員・児童委員は、担当の地域において、常に住民の立場に立って相談に応じ必要な援助を行い、社会福祉の増進に努める地域福祉活動を行うボランティアである。また、1994年に児童に関する相談を専門的に行う主任児童委員が設置された。

民生委員・児童委員・主任児童委員は、①住民の生活状態を必要に応じ適切に把握する、②生活に関する相談に応じ、助言その他の援助を行う、③福祉サービスを適切に利用するために必要な情報の提供、その他の援助を行う、④社会福祉事業者と密接に連携し、その事業または活動を支援する、⑤福祉事務所その他の関係行政機関の業務に協力する、⑥住民の福祉の増進を図るための活動を行う――等のことを行っている。

第3節　社会福祉の倫理

1．専門職としての倫理と倫理綱領

社会福祉専門職の職務は、社会生活をしている人々の生活を支え、問題や不安を解決・解消するべく直接援助したり、社会資源や他者へつなぐ間接援助をしたりすることであり、社会的弱者と言われる人の人権を一手に預かる場合もある。このような社会福祉専門職者には、所属や資格にかかわらず、専門職としての倫理が求められる。また、専門職として認められる条件の一つに、その専門職団体（社団法人社会福祉士会・介護福祉士会、全国保育士会、社団法人医師会・看護協会等）が倫理綱領を制定していることが挙げられる。倫理綱領とは、専門職の宣誓のことを指し、専門職団体が共通の価値観、判断基準、方針、規範等遵守を内外に示して援助を行うためのものである。

社団法人社会福祉士会の倫理要項は、1995年１月に社会福祉士会の倫理綱領として採択した「ソーシャルワーカーの倫理綱領」を改訂し、2005年６月に開催した総会にて採択したもので、ソーシャルワーカーの定義を、「ソーシャルワーク専門職は、人間の福利（ウェルビーイング）の増進を目指して、社会の変革を進め、人間関係における問題解決を図り、人々のエンパワーメントと解放を促していく。ソーシャルワークは人間の行動と社会システムに関する理論を利用して、人びとがその環境と相互に影響し合う接点に介入する。人権と社会正義の原理は、ソーシャルワークの拠り所とする基盤である」と示し、①価値と原則（5項目）、②倫理基準（26項目）、③社会福祉士の行動規範（26項目）の３つから成る倫理綱領を策定している。

２．社会福祉専門職制度の課題

社会福祉専門職制度の課題は、３つ考えられる。

１つ目は、養成教育のあり方で、社会福祉養成校の定員割れと福祉・介護現場における人材不足、養成校と社会福祉施設との連携の課題があり、社会福祉専門職の育成のあり方が問われている。

２つ目は、社会福祉専門職制度自体の問題で、社会福祉専門職としてその多くが国家資格になり認知度は上がったものの、名称独占（資格取得者以外の者はその資格の呼称およびそれに類似した紛らわしい呼称の利用禁止）の専門職が多くあり、職務の方針や権限、職場環境や研修、職務の専門性等の不明確さ、職務の役割の曖昧さ等の課題があり専門性としては完成していないといわれている。

３つ目は、専門性の向上である。各専門職団体の倫理綱領を踏まえたうえで、福祉を必要とする人の問題や不安、楽しみや喜び等に共感できる資質が必要である。そのためには、専門職自身の人間性や福祉観を向上させるための研修の受講、専門職自らの問題や悩みを相談できる職場環境の維持などとともに自己研鑽に努めなければならない。

【参考文献】

岡田進一・橋本正明編『高齢者に対する支援と介護保険制度』中央法規出版、2010 年

柏女霊峰監修・全国保育士会編『全国保育士会倫理綱領ガイドブック〔改訂版〕』全国社会福祉協議会、2003 年

厚生労働省『保育所保育指針解説書』フレーベル館、2008 年

宮田和明・加藤幸雄・牧野忠康・柿本誠・小椋喜一郎編『社会福祉専門職論』中央法規出版、2007 年

山縣文治・岡田忠克編『よくわかる社会福祉〔第９版〕』ミネルヴァ書房、2012 年

山縣文治・柏女霊峰編『社会福祉用語辞典〔第８版〕』ミネルヴァ書房、2010 年

第10章

社会福祉と低所得者

宮沢　和志

第*1*節　低所得者を取り巻く状況

皆さんなら、今の社会をどのように表現するだろう。例えば、「希望に満ちた明るい未来が待っている社会」と答える人はどれくらいいるだろうか。それよりも、若い人であれば「就職先がなかなか見つからない」とか「リストラに遭う、非正規雇用労働」「いじめや引き籠もりが多い社会」「自殺する人が多い」「介護殺人や児童虐待」というように、暗く息が苦しくなるような表現になってしまう人が多いのではないだろうか。

今の社会はそれほど閉塞感のある、将来への展望が見えにくい状態になっている。ましてや、特に所得の低い人にとっては、生活を送るうえで非常に困難な状況になっている。

では､所得の低い人の問題は､その人個人の問題なのか。不景気となり、今まで働いて収入を得ていた人が急に職を失い、正規雇用から非正規雇用になれば収入は不安定となり、たちまち生活苦に陥ることになる。それが原因で家族の生活は成り立たなくなり、疾病、不登校、いじめ、サラ金地獄、一家離散といったことが起こりうるかもしれない。

ここまで示せば、もうこれは個人のレベルでは解決できない社会問題であることは理解できるはずである。

日本国憲法は、国民の権利として基本的人権の尊重を掲げている。その中でも憲法第25条(国民の生存権、国の保障義務）の第１項で、「すべて国民は、健康で文化的な最低限度の生活を営む権利を有する」と示している。これは生存権と言われるもので、その内容は、ただ単に生命を長らえればよいということではなく、健康で文化的に人間らしく生きるということを意味する。それはすべての国民が有する権利であり、国が積極的に関与しなければならないものである。そしてこの条文は、国民は社会福祉サービスを受ける権利を有していることの根拠ともなっている。

生存権に関する判例においては、最低限度の生活や生存権について争われ、1976年に最高裁判所で判決が出された「朝日訴訟」、障害福祉年金と児童扶養手当との併給禁止条項が争われ、1982年に最高裁判所で判決が出された「堀木訴訟」などは重要である。

低所得者にとってはさらに憲法第13条（個人の尊重、幸福追求権）も重要である。生命、自由および幸福追求権はわが国の基本的人権を論じるときの総則的な規定であり、低所得者福祉を考えるときにおいても基礎となる基本的人権の根拠となる。

このように考えると、低所得者を取り巻く状況は何も特別なものではなく、一般的に私たちの生活の中に隣り合わせで存在するものなのである。よって、生活が困窮状態に陥ったときには、その対象となる人が最低限度の生活を送ることができるように、国によって保障される制度が必要となってくる。それが次節で述べる公的扶助であり、わが国では生活保護法が中心的な役割を担っている。

第2節　公的扶助に関する考え方

公的扶助とは、生活困窮に陥った人に対して最低限度の生活水準を維持するために、国または地方公共団体がその不足分をすべて公費（税金）で給付することをいう。生活困窮に陥った人に対してはその原因を問わず、無差別平等に必要に応じた給付を行うもので、わが国では生活保護制度が公的扶助の中心となっている。

1．生活保護の原理・原則

生活保護法では、生活に困窮する国民に対して、その最低限度の生活を保障するとともに、その自立を助長することを目的としている。以下に、生活保護法の４原理・４原則を示す。

(1) 生活保護法の４原理

①国家責任の原理（第１条）：国の責任において生活に困窮する国民に対して最低生活を保障するために必要な保護を行うこととし、同時に自立助長を図ることを規定したものである。

②無差別平等の原理（第２条）：生活困窮に陥った原因や生活困窮者の信条、性別、社会的身分などにより差別的な取り扱いをしないことを規定したものである。

③最低生活保障の原理（第３条）：生活保護法で保障される生活水準は、健康で文化的な生活水準を維持できるものでなければならないことを規定したものである。

④保護の補足性の原理（第４条）：保護を受けるに際しては、資産、能力、親族扶養や他の法律等を優先して使い、活用すべきことを規定したものである。

(2) 生活保護法の４原則

①申請保護の原則（第７条）：生活保護を受けるには、原則として要保護者かその扶養義務者、または同居する親族の申請に基づいて保護が開始されることを原則としたものである。

②基準及び程度の原則（第８条）：生活保護の基準は、厚生労働大臣が定める基準に基づき、保護の要否やその程度が決められるものであり、最低限度の生活の需要を満たすものでなければならないことを原則としたものである。

③必要即応の原則（第９条）：生活保護は、要保護者やその世帯の個別の事情を考慮して有効かつ適切に行われなければならないことを原則としたものである。

④世帯単位の原則（第10条）：生活保護は、世帯を単位として保護の要否や程度を判定し、実施するという原則を示したものである。

2．セーフティネット

セーフティネットは「安全網」と訳され、社会福祉の分野では、さまざまな生活上の困難な場面や状況に陥ったときに、それ以上生活苦にならないように張りめぐらされた国のしくみのことを言う。わが国ではそれを社会保障制度が担うこととなっており、①社会保険(医療保険、介護保険、年金保険、労災保険、雇用保険)、②公的扶助(生活保護など)、③社会福祉サービス(高齢者福祉、児童家庭福祉、障害者福祉など)の３つに分類できる。

しかし、現実にはそのセーフティネットが、本来の機能を果たせない場面が多く出てきている。例えば、医療保険の分野では、失業や非正規労働など雇用条件の悪化・不安定化で保険料が払えないため健康保険に加入できず、無保険者ゆえに病院に行けず、早期治療を受けることができないで重症化し、ときには死亡に至るケースもある。こうしたセーフティネットの危機は「セーフティネットクライシス」などと呼ばれている。

《セーフティネットの概念図》

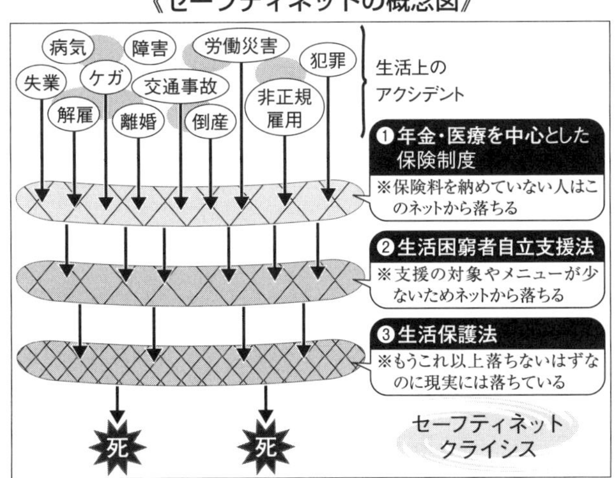

(注) 図に挙げた「生活上のアクシデント」は、多様なアクシデントの一例である。また、それに対して機能する施策も、上記①～③のみではなく、多様な対策がとられている。
ここでは「セーフティネット」の意味を大きく理解するために、その概念図を掲げている。

(筆者作成)

第3節　低所得者に対するサービスと支援

1．生活保護法

(1) 生活保護の種類と基準

生活保護制度は、国民の生存権を保障するための最後のセーフティネットであり、具体的には生活保護法で定められている。要保護者の最

図表1　生活保護の8種類の扶助

1　生活扶助	「衣食その他日常生活の需要を満たすために必要なもの。移送」(生活保護法第12条)。生活扶助は、飲食物資、被服費、光熱水費、家具什器など日常生活を営むうえでの基本的な需要を満たすもの。居宅保護が適当ではない者に対しては入所保護となり、入所保護基準が適用される。
2　教育扶助	「義務教育に伴って必要な教科書その他の学用品、通学用品、学校給食その他必要なもの」(同法第13条)。教育扶助は、義務教育に伴って小中学校別に定めた基準額によって支給される。ただし、高等学校等への就学については生業扶助で別途支給されている。
3　住宅扶助	「住居。補修その他住宅維持のために必要なもの」(同法第14条)。住宅扶助は、所在地域別に定めた基準額が支給される。
4　医療扶助	「診察。薬剤または治療材料、医学的処置、手術、居宅における看護、病院における看護等が行われる」(同法第15条)。医療扶助は、疾病や負傷の治療を受ける場合の給付である。
5　介護扶助	「居宅介護、福祉用具、住宅改修、施設介護、介護予防、介護予防福祉用具、介護予防住宅改修、移送が行われる」(同法第15-2条)。介護扶助は介護が必要な場合に指定された指定介護機関から現物給付される。
6　出産扶助	「分べんに必要な費用について必要なもの」(同法第16条)。病院で分べんする場合には、入院に要する必要最小限度額が支給される。
7　生業扶助	「生業に必要な資金、生業に必要な技能の習得、就労のために必要なもの」(同法第17条)。自立助長を具体化した扶助である。技能取得費は、生業維持のために必要な技能を習得するために、必要な授業料、教科書代、教材費、交通費等の経費が認められている。
8　葬祭扶助	「検案、死体の運搬、火葬や埋葬、納骨その他葬祭に必要な費用」(同法第18条)。地域別、大人・小人別に基準が設定されている。

(筆者作成)

低生活水準を保障するための生活保護法であるから、その基準の範囲は基本的に生活全般に及ぶ。生活保護法第11条では保護の種類を８種類に分け、基準を示している（**図表１**）。

では、最低生活費はどのように算出されるのであろうか。全く収入のない世帯の場合は、以下のようにそれぞれの項目が必要に応じて加算される。なお、医療扶助（医療費）と介護扶助（介護費）に関しては、現物給付（サービスの提供による給付）である。

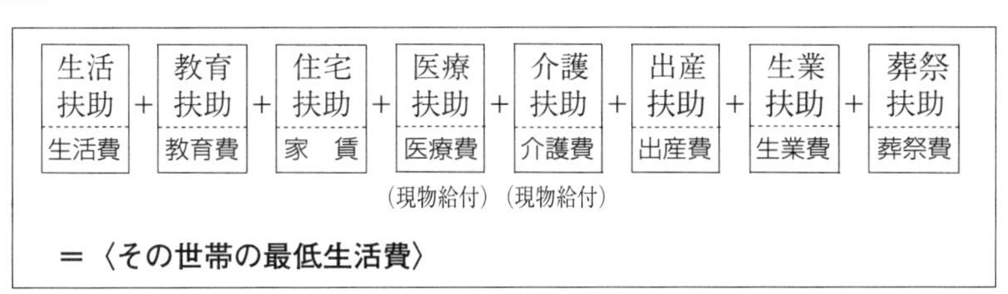

図表１に沿って、実際に生活保護を受給する場合、どれくらいの金額が受けられるかの基準と具体的事例を示したのが**図表２**である。

図表２　世帯類型別の最低生活基準の具体的事例（2016 年度／月額 単位円）

	1級地－1	1級地－2	2級地－1	2級地－2	3級地－1	3級地－2
1. 標準３人世帯【33歳、29歳、4歳】						
生活扶助	160,110	153,760	146,730	142,730	136,910	131,640
住宅扶助	69,800	44,000	56,000	46,000	42,000	42,000
合　計	229,910	197,760	202,730	188,730	178,910	173,640
勤労控除※	23,600	23,600	23,600	23,600	23,600	26,600
2. 高齢者単身世帯【68歳】						
生活扶助	80,870	77,450	73,190	71,530	68,390	65,560
住宅扶助	53,700	34,000	43,000	35,000	32,000	32,000
合　計	134,570	111,450	116,190	106,530	100,390	97,560
3. 母子世帯【30歳、4歳、2歳】						
生活扶助	145,040	140,300	132,810	130,500	124,570	120,630
住宅扶助	64,000	41,000	52,000	42,000	38,000	38,000
合　計	209,040	181,300	184,810	172,500	162,570	158,630
勤労控除※	23,600	23,600	23,600	23,600	23,600	23,600

（注）「勤労控除」とは、就労収入が手元に残る額のこと。この場合の金額は就労収入が10万円の場合。それぞれの世帯で必要な医療扶助、介護扶助、出産扶助等は、実費相当が必要に応じ給付される。

出典：厚生労働統計協会『国民の福祉と介護の動向 2016/2017』2016年、p.202 を基に作成

(2) 保護の動向

近年、生活保護を受ける人は増加している（**図表3**）。一般に、生活保護受給者数は社会情勢や経済情勢といった社会の変動に対応して推移するといわれるが、そのことはこの表から分かる。

1973年後半に発生した第一次オイルショック（第一次石油危機不況）と1979年の第二次オイルショック（第二次石油危機不況）では、共に生活保護受給者数は140万人を超えた。その後、平成景気（バブル景気）と呼ばれる好景気の到来で生活保護受給者数は減少傾向でしばらく推移する。

しかし、その好景気も長くは続かず、しかも米国で発生した2008年のリーマンショック以降はわが国の経済にも大きな影響を与え、景気の低迷とともに生活保護受給者数は200万人を超えた。この数字は国民の約

図表3　被保護世帯数・被保護人員・保護率の推移

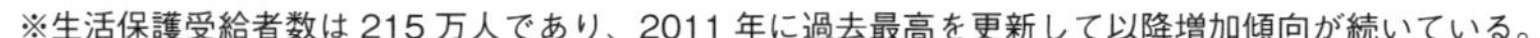
※生活保護受給者数は215万人であり、2011年に過去最高を更新して以降増加傾向が続いている。

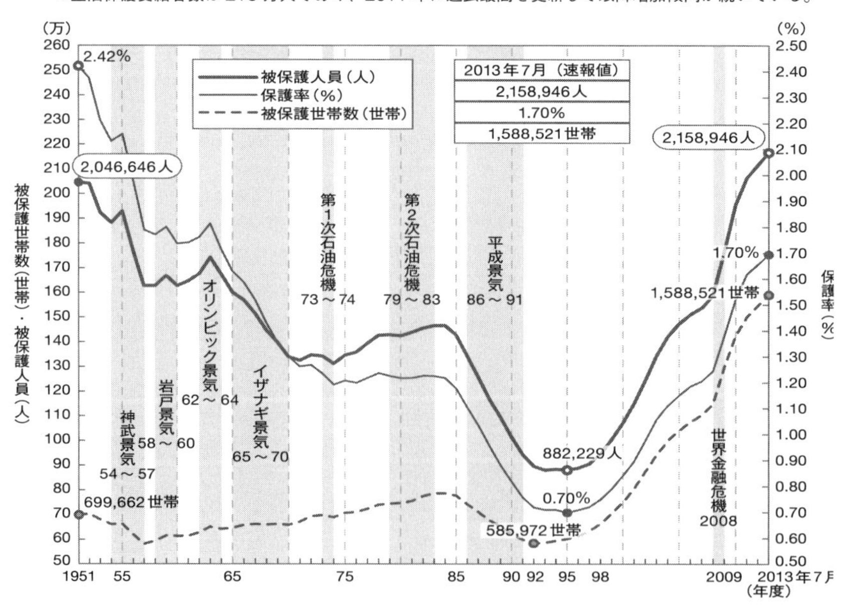

出典：厚生労働省 社会・援護局保護課作成資料による

60人に１人が生活保護を受給していることになる。

厚生労働省の「被保護者調査」(概数) によると、2016 年５月の生活保護受給者数は214万8282人、受給世帯数は163万3401世帯となり、共に過去最多を更新した。どの生活扶助を受給しているのかの種類別扶養人員は、**図表４**のとおりである。また、生活保護を受けている世帯を類型別に示したものが**図表５**である。

図表４　扶助人員数（扶助の種類別・各月間）の推移

	総　数	生活扶助	住宅扶助	教育扶助	介護扶助	医療扶助	その他の扶助
2014年5月	6,023,113	1,928,763	1,834,587	147,248	301,628	1,752,252	58,635
9月	6,050,711	1,936,944	1,839,716	147,618	309,736	1,757,546	59,151
12月	6,117,664	1,969,295	1,852,824	148,583	315,644	1,772,843	58,475
2015年5月	6,034,341	1,916,796	1,836,444	141,387	320,888	1,763,267	55,559
9月	6,053,845	1,921,930	1,839,535	141,475	329,388	1,765,233	56,284
12月	6,108,899	1,944,426	1,849,258	141,844	335,179	1,782,569	55,623
2016年5月	6,015,488	1,894,648	1,826,575	133,906	340,040	1,767,139	53,180

（注）「その他の扶助」は、「出産扶助」「生業扶助」「葬祭扶助」の合計である。

図表５　現に保護を受けた世帯数（世帯類型別・各月間）の推移

	2016年 5月	2016年4月(参考)	2015年5月(参考)
総数	1,625, 027	1,624, 084	1,614, 807
高齢者世帯	831,568 (51.1%)	830,512	793,658
単身世帯	752,842 (46.3%)	751,700	716,763
２人以上の世帯	78,726 (4.8%)	78,812	76,895
母子世帯	99,172 (6.1%)	99,483	104,256
傷病者・障害者世帯	430,075 (26.5%)	429,862	442,495
その他の世帯	264,212 (16.3%)	264,227	274,398

（注）現に保護を受けた世帯数は、月中に１日（回）でも生活保護を受けた世帯である（保護停止中の世帯を除く）。

出典（図表４・５）：厚生労働省「被保護者調査（月別概要：2016年５月分概数）」を基に作成

リストラや非正規雇用労働という不安定な就労の状況が今後も進行すると考えられるため、失業などのために低所得世帯となる人の数は大きく改善される見込みはないと予想される。

2．生活保護とスティグマ

「スティグマ」とは、ギリシャ語で奴隷や犯罪者の身体に刻印された印の意で、烙印（らくいん）と訳され、個人に非情な不名誉や屈辱を印象付けるものである。

現代社会の中で生活保護受給者に対して、このスティグマの考え方が存在しているのである。生活に困窮していてもこのスティグマを意識するがあまり、権利としての生活保護を受給しない人々が多い。ではそのスティグマは、私たちの意識の中にどこから来ているのであろう。例えば次のような事実がある。

「最低でも10日間は野宿しないと」生活保護で虚偽説明

市役所に生活保護の申請に訪れた男性(47) に対し、市生活福祉課の男性副参事が「最低でも10日間は野宿しないと生活保護申請は認められない」などと説明し、需給の可否が野宿の日数によって決まると思わせる虚偽の説明をしていたことが分かった。市は不適切な発言であることを認め、関係者に謝罪するとした。 (2012年8月28日　京都新聞)

生活保護を申請すること、生活保護を利用することは生活に困窮した者の権利であり、そのことは憲法第25条と13条で保障されていることを理解していなければならない。

3．生活困窮者自立支援法

2015（平成27）年に成立した低所得者に対する法律である。

生活保護法と違う点は、まず対象者にある。この法律の第2条（定義）には以下の記載がある。

生活困窮者自立支援法 第２条第１項
この法律において「生活困窮者」とは、現に経済的に困窮し、最低限度の生活ができなくなるおそれのある者をいう。

つまり、生活保護法の対象者となる前に、様々な生活支援を行いながら、生活保護対象者となることを防ごうという目的がこの法律である。

具体的には以下の６つの支援事業が用意されている。

《生活困窮者自立支援法の事業》（厚生労働省作成「制度紹介リーフレット」に基づく）

「自立相談支援事業」
生活に困りごとや不安を抱えている場合は、まず地域の相談窓口に相談する。支援員がその人と一緒に考え、その人に合った具体的な支援プランを作成する。
→該当する法令「生活困窮者自立支援法（以下「支援法」）第４条」

「住居確保給付金の支給」
離職などにより住居を失った人、または失うおそれのある人に対して、就職に向けた活動をするなどを条件に、一定期間、家賃相当額を支給する。
→該当する法令「支援法 第５条」

「就労準備支援事業」
「社会とのかかわりに不安がある」「ほかの人とコミュニケーションがうまくとれない」など、直ちに就労が困難な人に６ヵ月から１年の間、プログラムに沿って、一般就労に向けた基礎能力を養成しながら就労に向けた支援や、就労機会の提供を行う。
→該当する法令「支援法 第６条第１項の１、及び２」

「家計相談支援事業」
家計状況の「見える化」と根本的な課題を把握し、相談者が自ら家計を管理できるように、状況に応じた支援計画の作成、関係機関へのつなぎ、必要に応じて貸し付けのあっせん等を行い、早期の生活再生を支援する。
→該当する法令「支援法 第６条第１項の３」

「就労訓練事業」
直ちに一般就労することが難しい人のために、その人に合った作業機会を提供しながら、個別の就労支援プログラムに基づき、一般就労に向けた支援を中・長期的に実施する。
→該当する法令「支援法 第４条」

「生活困窮世帯の子どもの学習支援」（生活困窮者である子どもに対し学習の援助を行う事業）
子どもの学習支援、日常的な生活習慣、仲間との出会い活動ができる居場所づくり、進学に関する支援、高校進学者の中途退学防止に関する支援等、子どもと保護者の双方に必要な支援を行う。
→該当する法令「支援法 第６条第１項の４」

出典：厚生労働省 HP「生活困窮者自立支援制度」（制度の紹介）を基に作成

〔事例1〕貧困の連鎖防止のケース（Aさん　47歳男性）

Aさんは、妻と娘の3人暮らし。飲食店を経営していたが、不況のため廃業に追い込まれた。妻（46歳）は、夫が仕事を失って以来、家計を支える役割を担うようになり、現在はパートを3件かけ持つようになった。長女（14歳、中2）は、中学入学後、勉強についていけなくなり、学校を休みがちとなり、夜も外出するようになった。

◎生活困窮者自立支援法を利用した支援の具体例

Aさんは飲食店を倒産に追い込んでしまったことで、完全に自信を無くしていたが、働きたいという気持ちは持っていた。支援員は飲食店の経験を生かせる仕事を探してみてはどうかと助言し、その結果、調理補助の正社員として就職することができた。その結果、妻はパートの数を減らし、生活に多少の余裕ができたことで、長女と一緒に過ごす時間を持つことができるようになった。長女の生活習慣は改善し、学習支援に通うことで高校に進学したいという気持ちが強くなった。

〔事例2〕緊急支援のケース（Bさん　32歳女性）

Bさんは、IT関連会社の正社員として就職したが、業績悪化を理由にリストラされた。その後、非正規でIT関連の仕事を続けてきたが解雇され、その後は仕事が見つからず、就職できないでいた。貯金も底をつき、アパートを追い出され、郷里に帰ることもできず、この先の生活の見通しがつかない状況でいた。

◎生活保護と生活困窮者自立支援法を活用した支援の具体例

Bさんは、健康保険料を支払っていなかったので、体調が悪くても医療機関に受診することができないでいた。そのような状況の中で、Bさんはある日突然大きく体調を崩すことになった。緊急性があったために、生活保護を申請し、生活保護から医療扶助を受けながら通院することができた。その後、一時生活支援事業が利用できる3ヵ月間に就労ができるほどまでに健康状態が回復してきた。今では職場にも慣れ、元気に働いて生活も安定してきている。

出典：厚生労働省HP「生活困窮者自立支援制度」（制度の紹介）を基に作成

【参考文献】

阿部彩『子どもの貧困』岩波新書、2008 年

岩田正美『社会的排除』有斐閣、2008 年

厚生労働省編『厚生労働白書〔平成 27 年版〕』日経印刷、2012 年

厚生労働統計協会編『国民の福祉と介護の動向 2015/2016』厚生労働統計協会、2015 年

本田良一『ルポ生活保護』中公新書、2010 年

湯浅誠『反貧困』岩波新書、2008 年

第11章

社会福祉と高齢者

稲葉　光彦

第1節　高齢者を取り巻く状況

1．高齢化の進行

高齢化率とは、65歳以上が総人口に占める割合のことをいう。わが国総人口の高齢化率は、1950年には5％に満たなかったが、1970年に7％を超えて高齢化社会を迎え、さらに1994年に14％を超えて高齢社会に入り、2007年には21％になり、超高齢社会に入った。2010年総人口に占める高齢化率は23.1％となり、総人口の5人に1人が高齢者となり、また75歳以上の人口が増加しはじめ、総人口の9人に1人が75歳以上の割合となった。今後、75歳以上の人口は増加し、2017年には65～74歳人口を上回ると見込まれている。

国立社会保障・人口問題研究所が公表した「日本の将来推計人口」によると、わが国の高齢化率は、2030年に31.8％、2055年には40.5％に上昇すると見込まれ、2.5人に1人が65歳以上、75歳以上の人口が総人口の26.5％となり、現代世代1.3人で1人の高齢者を支える本格的な高齢社会になると推計される。

日本の平均寿命は2010年現在、男性79.55年、女性86.30年であるが、2060年には男性84.19年、女性は実に90.93年になると見込まれている。

わが国の高齢化率を先進諸国と比較すると、高齢化率が7％から14％に達するまでの期間は、フランスが115年、スウェーデンが85年、ドイツが40年、イギリスが47年かかっているのに対して、日本はわずか24年と、高齢化率が世界に類を見ない速度で進行しており、そのスピードにより高齢者の生活基盤も大きく変化し、制度や政策の整備が急務となっている。

2. 高齢者の年金問題

現代、家族の規模の縮小と家族機能の低下により、老後を家族の扶養のみで支えられることは極めて困難である。また、経済状況の変化により、老後の生活を維持していくための十分な備えをすることも難しい現状である。年金が高齢世帯の生活維持のための約7割を占めており、年金は老後の経済的自立の重要な所得保障となっている。

高齢期の生活の安定を図るため、1961年、社会保障の一環として国民すべてが公的年金制度に加入する国民皆年金体制となった。一定期間の加入を条件として、保険料を主要財源として給付を行う社会保険方式を基本としているが、保険料負担が困難な生活保護を受けている者や低所得者には保険料の免除制度を設け、受給権を保障している。

公的年金には、国民年金、厚生年金保険、共済年金（国家公務員共済組合、地方公務員共済組合、私立学校教職員共済など）がある。

国民年金は第1号被保険者、第2号被保険者、第3号被保険者に区別され、第1号被保険者は、自営業者とその専業の妻、非正規労働者、学生、国会議員、地方議会議員、無職などが対象である。第2号被保険者は、民間サラリーマン本人、公務員本人などが対象である。第3号被保険者は、民間サラリーマンの専業主婦、公務員の専業主婦であり、この保険料は、民間サラリーマンや公務員が支払う保険料から出されている。

国民年金の保険料は2017年まで引き上げが続き、1万6900円で固定することになっている。また厚生年金の保険料は、2004年10月から段階的に0.354％ずつ引き上げられ、2017年9月に18.3％で固定することになっている。

この公的年金は定額を保障する基礎年金（国民年金）と、所得に比例した保障を行う報酬比例年金（厚生年金、共済年金）の2階建てで構成されている。厚生年金や公務員などが加入する共済年金は被用者年金と呼ばれ、被用者は1階部分の基礎年金と2階部分の報酬比例年金の両方を受給される。自営業者などは、1階部分の基礎年金のみの受給である。また、年金給付には、老齢給付、障害給付、遺族給付の3種類がある。

公的年金は老後の生活を維持していくために極めて大事なものであるが、長期にわたって公平に継続し、持続していくためには、世代間を超えての信頼が不可欠である。

今後、急激な高齢化に伴い、公的年金制度の長期的安定化のため、改革が積み重ねられると思われるが、国は制度の長期的な全体像を明確に示していかなくてはならない。

3. 高齢者の医療費

2011年度の国民医療費は37.8兆円で、前年度に比べ約1.1兆円増加した。国民医療費とは保険診療による病気やケガの治療のために医療機関(調剤薬局を含む)に支払われた医療費の総額である。今後急速な高齢化が進めば、さらに必然的に国民医療費が増加していくことになる。厚生労働省の「高齢者医療制度改革会議」における推計では、2010〜2025年度の間に国民医療費は年2.2%程度ずつ増加していくと予想しており、2025年度の国民医療費は52.3兆円を見込まれており、一人当たりの国民医療費は45万円程度になると予想される。

急激な少子高齢化が進む中で、医療費は増大しているが、それを支える医療財政、公的医療保険の運営を今後どのようにしていけば持続が可能になるかが問題となっている。現役世代と高齢世代の負担を明確化・公平化し、財政基盤の安定化を図るために、老人保険法(1982年制定)が廃止され、2008年4月、75歳以上を対象とした高齢者の医療に関する制度として、後期高齢者医療制度がスタートした。この制度は、急速な少子高齢化進展の中で、国民の安心基盤である皆保険制度を維持し、将来にわたり持続可能なものとするために、増大する高齢者の医療費を国民全体で支えるとともに、75歳以上の高齢者に適切な医療サービスを提供するということで導入された。

後期高齢医療の給付費の財源は、75歳以上の高齢者に対して、医療給付費の１割（現役並み所得者は３割）を負担してもらい、現役世代の支援が４割、残りの５割を公費（国、都道府県、市町村が４：１：１の割合）で負担している。ただし、65～75歳未満の前期高齢者は従来どおりである。

４．高齢者の扶養問題

戦前は「家」制度に基づき長男が家を相続し、親を扶養するのは当然の義務であった。高齢者になった親は家族に支えられながら、自宅で一生涯を閉じることは当たり前と思われていた。介護も家庭内で対応し、社会的支援に頼ることは家の「恥」と考えられていた。生活上のあらゆる問題は、社会に頼らず家庭内で解決することが求められ、社会福祉制度は家族を形成できない者のためにのみ存在すると考えられていた。しかし戦後、新憲法の制定と民法改正により家制度を支える法律が改革され、個人の尊厳と男女平等に基づいた家族規範へと改められ、核家族化へと変化していった。1950年代後半から始まった高度経済成長によって、家族の経済的基盤の変化が核家族の形態へ拍車をかけた。

1980年代後半以降、老親の扶養に関する意識は大きく変化し、親子中心から夫婦中心へと変わり、親への扶養意識は急激に低下してきた。近年急速に進む人口動態の変化、女性の社会進出による共働き家族の増加等による家族機能も大きく変化してきている。このように家族規模の縮小化により、親の介護問題等は家族の精神的支柱にはなり得ても、家族だけでは抱えきれないという問題が表面化し社会問題となった。

従来のような家族による介護を前提としての社会福祉サービスの考え方では現実にそぐわなくなってきた。21世紀に入り単独世帯や夫婦のみ世帯が増加してきており、とりわけ、夫婦のみ世帯の増加が著しく、高齢者夫婦のどちらかが介護を要する状況になったときには、老々介護という問題が発生してくる。介護者は息抜きも自由に外出することもできず、自ら健康を害することもある。

単独世帯も今後は増え続けると予想されている。特に女性の一人暮らし世帯の増加が予想されている。家族のみによる高齢者の介護は明らかに限界にきている。社会的介護システムを確立し、住み慣れた地域で生活を継続することができる各種の生活支援サービスがますます必要とされてきている。

第2節 高齢者の暮らし

1．機能低下による日常生活への影響

老いは、年齢とともに生理機能等の低下により、全ての人が経験する。老化により、身体、精神、生活の3つの側面が相互に影響されやすい。老化は遺伝的要因と環境要因によると言える。高齢者の半数近くがなんらかの健康問題を抱えている。

65歳以上の高齢者の状態は、2010年の「国民生活基礎調査」では、有訴者率（人口1000人当たりの「ここ数日、病気やケガ等で自覚症状のある者（入院者を除く）」の数）は471.1と約半数近くの人が自覚症状を訴えている（**図表1**）。

また、日常生活に影響ある者率（人口1000人当たりの「現在、健康上の問題で、日常生活動作、外出、仕事、家事、学業、運動等に影響のある者（入院者を除く）」の数）は209.0となっており、年齢が高ければ高いほど上昇していることがわかる。その内容別に見ると、衣服着脱、食事、入浴等の「日常生活動作」が人口1000人当たり100.6、「外出」が90,5、仕事・家事・学業が79.6、「運動」が64.5となっている（**図表2**）。

老化に伴う生理的機能の低下は、防衛反応の低下、回復力の低下、適応力の低下となって現れる。皮膚、顔面、毛髪、眼球などの外見的変化、聴力の低下、視力の低下等の感覚器の変化、消化器、肺・心臓等の臓器

図表１　高齢者の有訴者率および日常生活に影響のある者率

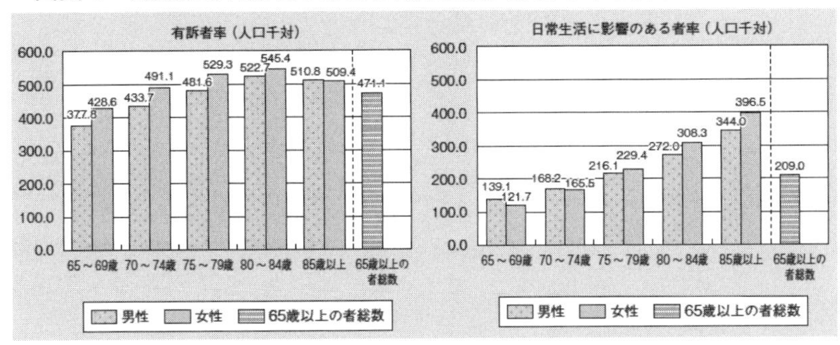

出典：厚生労働省「国民生活基礎調査」（2010年）

図表２　高齢者の日常生活に影響のある者率の内訳（複数回答、人口千対）

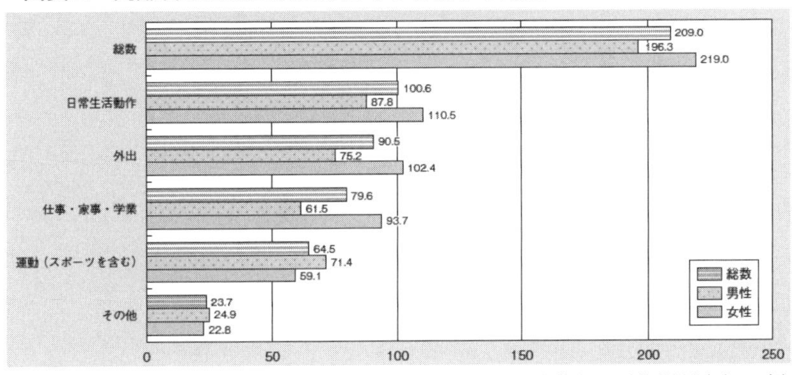

出典：厚生労働省「国民生活基礎調査」（2010年）

の変化、カルシウム、リン、コラーゲンなど骨を構成する物質が減少し、骨の変化、筋力の低下が見られる。

高齢者に多く見受けられる病気としては、脳血管障害、悪性腫瘍（ガン）、認知症、心臓疾患、高血圧症、呼吸器疾患、肝臓疾患、腎臓・尿路疾患、糖尿病、内分泌疾患、感染症等が挙げられる。このような疾患をもたらす因子は我々の生活の中に潜んでおり、生活習慣の中から形成されている。若い時から総合的な健康づくりが重要である。老化とは加齢現象であり、老いの特徴や病気の特徴など、老いということを理解する必要がある。健康な高齢期を送るためには、心身機能の低下した高齢者のケアのシステムを社会的にどう作り上げるか、そして高齢期を迎えた高齢者を地域社会全体でどう支援していくかが課題である。

2．高齢者単独世帯の増加

1975年には、65歳以上の者のいる三世代世帯の割合は、全体の54.4%を占めていたが、2001年には25.5%へと低下した。

65歳以上の高齢者のいる三世代世帯は減少し、単独世帯、夫婦のみの世帯の増加が著しく、今後高齢世帯数は、2030年には1903万世帯と2005年の約1.4倍に増加すると見込まれている。単独世帯は2030年には37.7%へと増加することが見込まれており、単独世帯の増加が著しく、家族の個人化が進行している（**図表3**）。

また、男女とも65歳以上の一人暮らしの増加が顕著であり、1980年には男性約19万人、女性約69万人であったが、2010年には男性約139万人、

図表3　家族類型別一般世帯数と平均世帯人員の推移

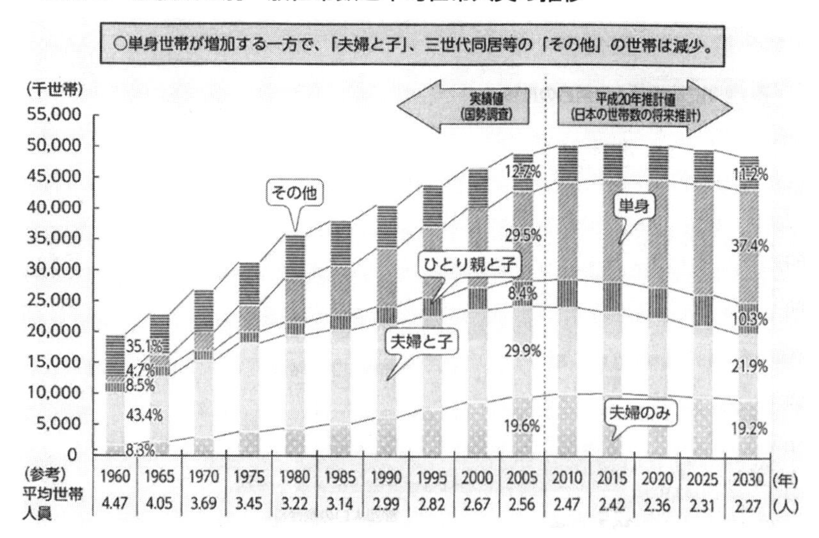

（注）集計の出発点となる基準人口は、総務省統計局「国勢調査」（2005年）に調整を加えて得たものである。

出典：国立社会保障・人口問題研究日本の世帯数の将来推計（全国推計）」（2008年3月推計）

女性約 341 万人となっている。

わが国はかつて長男夫婦が親と同居し、親のめんどうを見ることが一般的であった。しかし近年では、親、子、孫が同居する三世代世帯の割合は急速に小さくなってきている。総務省の「家計調査」(2007 年) によると、高齢者単独世帯の家計収入の 9 割以上を公的年金に依存して生活していることが分かる。

今後、高齢者の単独世帯がますます増加することが見込まれており、寝たきりや認知症等要介護が必要となったとき、誰がどのように対応していけばよいのか、また、地域のつながりが希薄になりがちな単独世帯の孤立死が社会問題化してきており、単独世帯を地域でどのように支え合っていくかが今後の課題である。

第 3 節　高齢者に対するサービスと支援

1．介護保険

急速な高齢化や核家族化、一人暮らしの高齢世帯の増加により、介護問題は社会的な問題となってきている。家族による介護機能は低下し、また高齢化の進行により、要介護高齢者が増加していく状況の中で、高齢者にとって、介護問題は老後における不安な要因の一つである。

こうした中で、2000年 4 月に介護保険制度が高齢期における介護を社会全体で支えるしくみとして施行された。この保険を利用するためには、被保険者は保険料を納めなければならない。介護保険の被保険者は、65 歳以上を対象とした第 1 号被保険者と 40 歳以上 65 歳未満の第 2 号被保険者に区分される。第 1 号被保険者が要支援・要介護を必要とする場合には、要介護認定の手続きをとり、保険給付を用いて各種の介護サービスの提供を受けることができる。

保険給付の対象となる介護サービスは、居宅サービス、施設サービス、地域密着型サービスである。

介護保険制度は、基本的な社会システムとして定着してきたが、要介護認定者が増加し、介護保険の給付が拡大してくる中で、2011年6月15日、「介護サービス強化のための介護保険法等の一部を改正する法律」が成立した。この改革の趣旨は、高齢者が住み慣れた地域で安心して暮らし続けることができるようにするため、医療、介護、予防、住まい、生活支援サービスが切れ目なく提供されることに向けての取り組みであり、医療と介護の連携の強化等である。

2. ケアマネジメント

ケアマネジメントは、急速な高齢化に伴う要介護者の増加、また家族による介護機能の低下に対し、介護の社会化が求められる中で、2000年4月に介護保険制度の施行により制度的に導入された。在宅で要介護を必要としている人たちのニーズは複雑多様化しており、サービス提供者側の連絡・調整・連携なしでは十分なサービスが展開できない。そのために、保健、福祉、医療サービスの連携の中で、介護を必要とする人のニーズに合致した適切なサービスが受けられるよう総合的支援をするものである。介護保険制度の導入前は、介護サービスのしくみは、福祉と医療の相互に関連性がなく、利用者にとって総合的で適切なサービスが受けにくかったが、ケアマネジメントの導入により、利用者の立場に立った継続的・効果的な介護サービスを受けられるようになった。

ケアマネジメントのプロセスは、①ケース発見（支援を必要としている人を見つけること）、②アセスメント（利用者の生活ニーズを把握することで、利用者の健康状態や日常生活、動作能力、家族の状況、介護サービスのニーズ等の的確な把握）、③ケア目標の設定とケアプランの作成（ケアプランを立て、利用者のケアの基本方針と内容について、具体的・個別的に作成）、④ケアプランの実施（立案されたケアプランに基づいて、具体的な援助開始)、⑤ケア提供状況について監視(利用者の心身の状況などの変化と計画書に基づいて、どのようなサービスが行われているか)、⑥再アセスメント(サービス提供状況について、また、サービスの成果が上がっているかどうか)等である。

介護保険制度において「介護支援専門員」(ケアマネージャー)は介護サービスを計画する専門職である。ケアマネージャーは、利用者からの相談に応じ、各種サービスを調整して有効・適切に結びつけ、適切な在宅サービスまたは施設サービスができるように、介護サービス計画の作成や、市町村・在宅サービス事業者、福祉施設等との連絡調整を行う。

3. 要介護認定

日常生活において、介護を必要とする状態になった場合に要介護サービスを、また、日常生活で見守りや支援が必要となった場合には要支援サービスを受けることができる。この場合には、要介護認定を受けなくてはならない。要介護認定とは、被保険者が要介護や要支援状態について、どの程度かの判定を受けることである。

まず第1に、被保険者やその家族などが市町村に申請をする。申請を受けた市町村は、市町村の認定調査員を被保険者宅(あるいは入院・入所先)に派遣し、被保険者の心身の機能や状態、置かれている環境などについて聞き取り調査を行う。また、主治医に対して「主治医意見書」の作成依頼を行い、市町村は、認定調査票と主治医意見書を基に、コンピュータによる全国一律の基準により介護にかかる時間(要介護認定等基準時間)を1次判定結果として算出する。

第2に、1次判定結果、主治医意見書に基づき、保健・医療・福祉の学識経験者5名程度により構成される介護認定審査会により、審査判定(2次判定)を行う。それにより市町村は、介護認定審査会から審査判定結果の通知を受けるとそれに基づき要介護認定をして、申請した被保険者に結果を通知する。市町村は要介護認定を被保険者の申請から原則として30日以内に行わなわなければならない。

要介護・要支援（新規）認定の有効期間は6カ月（市町村が必要と認める場合にあっては、3カ月から12カ月）で、要介護認定申請の結果に不服があるときは、各都道府県に設置された介護保険審査会に審査請求することができる。認定基準は、最も軽度の要支援1・要支援2と、要介護1から最も重度の要介護5までの7段階の区分がされている。

4．地域包括支援センター

社会構造や環境の変化に伴い、高齢者の生活基盤も大きく変化してきている。そのような中で、地域の高齢者にいかに対応するべきなのか。

社会福祉法第4条では「福祉サービスを必要とする地域住民が地域社会を構成する一員として日常生活を営み、社会、経済、文化その他あらゆる分野の活動に参加する機会が与えられるように、地域福祉の推進に努めなければならない」と定められている。このように高齢者が身近な地域の中でいつでも総合的に相談が受けられ、個人が尊重され安心して日常生活を送れる体制が必要であり、2006年に地域包括支援センターが市町村に設置された。

地域包括支援センターは、高齢者が住み慣れた地域で、安心して生活を継続できるよう、保健・医療・福祉サービスをはじめさまざまな面から総合的に支えるために設けられ、地域における包括的支援を実現する役割を担っている。

運営主体は、区市町村、または区市町村から包括的支援事業の実施の委託を受けた者である。「地域包括支援センター運営協議会」が区市町村ごとに設置され、その運営の公平性・中立性を保ち、職員の配置、人材確保支援などシステムが効果的に運営できるよう、地域住民や関係職員によって組織が作られている。地域包括支援センターの業務は、介護に関することや健康・介護予防の助言と指導、地域の医療情報を提供したり、医療に関わる相談、高齢者の権利擁護、虐待防止の相談と対応、生活支援、消費者被害に関わる相談と対応、介護支援専門員（ケアマネージャー）への助言・指導などを担っており、保健師、社会福祉士、主任介護支援専門員（主任ケアマネージャー）の３種の専門職員がそれぞれの専門性を生かしながら連携して対応する。

このように、地域包括支援センターは高齢者にとって身近な相談窓口としての役割を担っている。

【参考文献】

厚生労働省編『〔平成 23 年版〕厚生労働白書――社会保障の検証と展望』日経印刷、2011 年

厚生労働省編『〔平成 24 年版〕厚生労働白書――社会保障を考える』日経印刷、2012 年

内閣府『高齢社会白書〔平成 23 年版〕』印刷通販、2011 年

内閣府『高齢社会白書〔平成 24 年版〕』印刷通販、2012 年

西村周三監修、「医療白書 2011 年度版」編集委員会 編『医療白書 2011 年度版――少子超高齢・人口減少時代における「国民課題」としての医療問題』日本医療企画、2011 年

社会福祉と障害者

矢野　正

第*1*節　障害の概念と考え方

これまで、国と地方公共団体は「障害者基本法」の考え方を踏まえ、「ノーマライゼーション」と「リハビリテーション」の理念の下、障害者施策を推進してきた。特に、国の障害者制度改革が流動的な状況の中、障害者が円滑に地域に移行し自立した生活を送ることができるよう、障害福祉サービスの提供体制の整備が本格的に始まろうとしている。今後は法律の改正など、国の動向に合わせて見直しが図られるであろうが、「障害者基本法」の一部改正を踏まえ、引き続き障害者に関する施策を推進していかなければならない。

そのため、ここでは、障害者基本法のほか、障害者自立支援法や障害者総合支援法については少ししか触れていないが、今後の施策の動向にはぜひとも関心を持っていただきたい。また、紙面の関係上、各障害種別の福祉施策についても詳細には触れられなかった。本章の最後に参考文献をあげるので、そちらを見てほしい。

初めにまず、疾病などが原因で障害者となる人の数は、年々増加の一途にあることに留意していただきたい。最近の障害者福祉の考え方は、日常生活動作（ADL）を中心としたものから、生活の質（QOL）を重視する方向へと変わりつつあるが、さまざまな方法により、自立を支援・援助する、地域移行という生活の根本理念に変わりはない。

本章では、障害者福祉のあらまし、障害の概念、障害者の生活課題、障害者福祉の現状と今後の方向性の見通しについて大まかに概説したい。時代の流れに翻弄されながら、障害者がたどってきた歴史を踏まえ、障害者福祉の基盤となる考えを十分に学び、障害者問題を構造的に、かつ具体的に理解してもらうことに重点を置いて記述することとする。

1．障害者の権利に関する条約

障害者の権利に関する条約（障害者権利条約）は、2006年12月第61回国連総会で採決され、2008年５月に発効した。同時に、障害者権利条約選択議定書も採択された。日本は、2007年９月に条約に署名している。この条約は、“Nothing about us with us”（当事者本人を抜きにして当事者のことを決めないで）が原則であり、推進会議にも当事者本人の参加や障害者団体の代表などの参加が多いことが目立つ。

全体としては、障害のある人々に対する差別の禁止や権利を認めることがはっきりと明記されている。特に「第２条　定義」では「合理的配慮（reasonable accommodation）」が示され、ただ「皆といっしょ」なだけではなく、子どもが必要とする支援や保育内容および環境等のさまざまな変更や調整が求められており、この合理的配慮がない状態も障害者差別とされる。「第24条　教育」では「あらゆる段階における障害者を包容する教育制度及び生涯学習を確保する」と翻訳されているが、「障がい者制度改革推進会議」では、インクルーシブ保育・教育システムの実現と「障害の有無にかかわらず、すべての子どもは地域の小中学校に就学し、かつ通常の学級に在籍すること」を原則として示している。

このようにわが国では、障害者の権利に関する条約の締結に向けた国内法の整備をはじめとする障害者に係る制度の集中的な改革を行うため、2009年12月に「障がい者制度改革推進本部」を設置し、同本部の下で「障がい者制度改革推進会議」において、障害者制度改革に向けた検討が行われている。2010年６月には「障害者制度改革の推進のための基本的な方向（第一次意見）」が、また同年12月には「障害者制度改革の推進のための第二次意見」が障がい者制度改革推進会議に提出され、第一次意見を踏まえ「障害者制度改革の推進のための基本的な方向」が閣議決定されるに至っている。

2011年６月には「障害者虐待の防止、障害者の養護者に対する支援等に関する法律」(障害者虐待防止法：同年10月施行）が可決成立し、障害者に対する虐待行為を禁止するとともに、虐待行為を発見した場合には通報を義務づけ、その通報先として市町村に「障害者虐待防止センター」の設置を求めるなど、近年、障害者施策についてはめまぐるしい変化を見せるといった現状がある。

その後、2011年８月には「障害者基本法」が一部改正され、すべての国民が障害の有無にかかわらず、基本的人権が享有されるかけがえのない個人として尊重され、相互に「人格」と「個性」を尊重し合いながら共生する社会を実現すること、障害を理由とした差別の禁止などが規定された。障害児福祉に当たっては、これらの法改正についても念頭に置きながら、ノーマライゼーションとリハビリテーションの具現化を常に意識し、障害児・者一人ひとりが主体性を発揮し、自己実現を目指した生きがいのある生活を送ることができるよう、それぞれの障害の状況に応じた適切な療育および保育、福祉を実施し、多様な学びの機会や地域での生活移行支援を確保しなければならない。

このように、国連の障害者権利条約では、障害のある人の権利を守るということが決められた。日本の法律や制度をこの条約の考え方に合わせて変えていき、現在、日本の障害のある人が暮らしやすくするために、政府は「障がい者制度改革推進本部」を作り、制度改革について議論している。また、その成果として、障害者基本計画の実施状況を監視し、必要に応じて関係大臣に勧告ができる「障害者政策委員会」を作った。現在は内閣府が、障害者施策に関する企画・立案や総合調整を担う官庁として、制度改革の先頭に立って取り組んでいる。

これまでの間、国では「障害者の権利に関する条約」の締結に向けた取り組みとして、障害者基本法の改正をはじめ障害者総合支援法及び障害者差別解消法の成立など、すべての国民が障害の有無によって分け隔てられることなく、相互に人格と個性を尊重しあい、共生する社会を実現することを目指して法整備が行われてきた。

2. 障害の概念と考え方

障害に関する分類は、現在、2001年に世界保健機関（WHO）総会で採択された国際生活機能分類（ICF）が使用されている。これは、従来までの国際障害分類（ICIDH）が障害というマイナスの面を中心に整理分類するという方向性を持っていたのに対し、環境や個人因子などの視点を導入し、生活機能というプラスの面からも見ようという方向へと転換したものである。生活上の問題は、例えば環境因子や個人因子しだいで、肯定的な方向にも否定的な方向にもなるということである（**図表 1**）。

ノーマライゼーションや自立の理念は障害者福祉の基礎であるが、障害者という特別な区分がなされ、特別な処遇、特別な対応ということになりがちである。しかし、どのような障害があるにせよ、地域での普通の生活が保障されなければならないというノーマライゼーションの考え方は、極めて重要な考え方である。これまでの障害者福祉の歴史は、残念ながら、地域から切り離された施設、地域の学校から切り離された養護学校の歴史であった。したがって、地域の中で当たり前のように生活するという障害者福祉の理念は、重要な意味を持ち続け得る。

図表 1　ICF の相互作用モデル

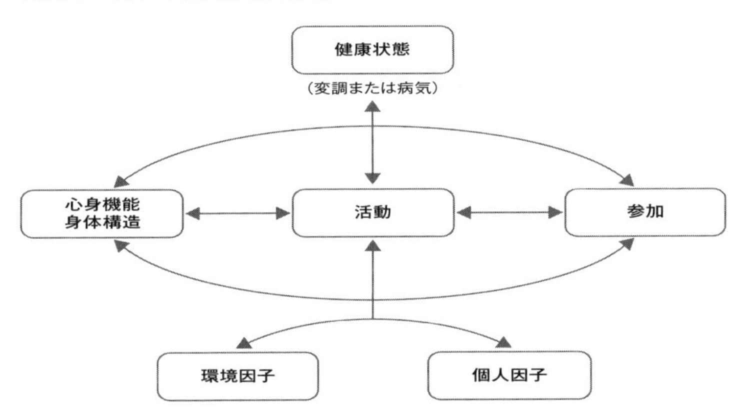

出所：［障害福祉研究会、2002 年］p.17

重ねて、障害者の「自立」だけでなく「自律」といった概念も重要である。地域で暮らすといっても、親に囲い込まれた生活状況では、自立とは言い難い。また、経済的な自立、身辺的な自立という意味で自立が使われれば、自立できない存在であると障害者はみなされてしまい、保護の対象とされてしまう。しかしながら、自律や生涯発達の観点からすると、障害者がまさに生きてくるのであり、障害者の自己決定へとその理念が転換していくことにより、障害者自身が親元から離れ、自らの望む生活を構築していく方向性が明らかとなり、このこととノーマライゼーションの理念が相まって、地域での自立生活のスタートへとつながっていくのである。

さて、障害者福祉の分野では、バリアフリーという言葉がよく使われるが、これは、例えば駅や公共施設で車いす利用者のためのスロープや点字ブロックの敷設のような物理的な障壁を解消させるようなことだけを意味するものではない。社会福祉の支援が人と社会をつなぐことと考えられるように、障害があっても社会とつながり、さまざまな社会的活動を行えるようにすることである。障害者の活動の場の拡大、社会参加の促進のために、物理的な障壁のみならず、心理的および情報的に、また制度的な障壁までも除去することなどが、バリアフリーの概念である。障害者への偏見が除去され、理解と協力の姿勢が市民に根づくことも、バリアフリーの実現には不可欠な要素である。バリアフリー社会とは、「障害者が住み良い社会は、若い健常者にとっても住み良い社会である」とのコンセプトに基づいて形成される社会でなければならない。

また最近は、保育・教育分野においては、授業・保育のユニバーサルデザイン（UD）の考え方も定着しつつある。ユニバーサルデザインとは、「文化・言語・国籍の違い、老若男女といった差異、障害・能力のいかんを問わずに利用することができる施設・製品・情報の設計（デザイン）」のことである。

2014年1月批准の「障害者の権利に関する条約」の第2条には、「『ユニバーサルデザイン』とは、調整又は特別な設計を必要とすることなく、最大限可能な範囲で全ての人が使用することができる製品、環境、計画及びサービスの設計をいう」とある。例えば、「障害者用トイレ」から「多機能トイレ」が増えてきつつあることなどがあげられよう。

第2節 障害者福祉の法律と施策

1. 障害者基本法

障害者福祉の法律の中心になるのが「障害者基本法」であり、先述のとおり2011年に改正された。障害者基本法では、その第1条に「この法律は、全ての国民が、障害の有無にかかわらず、等しく基本的人権を享有するかけがえのない個人として尊重されるものであるとの理念にのっとり、全ての国民が、障害の有無によって分け隔てられることなく、相互に人格と個性を尊重し合いながら共生する社会を実現するため、障害者の自立及び社会参加の支援等のための施策に関し、基本原則を定め、及び国、地方公共団体等の責務を明らかにするとともに、障害者の自立及び社会参加の支援等のための施策の基本となる事項を定めること等により、障碍者の自立及び社会参加の支援等のための施策を総合的かつ計画的に推進することを目的とする」とあるように、障害者施策の原則や国や地方公共団体などの責務を定めた基本法という位置づけになる。

第2条では障害者の定義がなされており、「身体障害、知的障害、精神障害（発達障害を含む。）その他の心身の機能の障害（以下、「障害」と総称する。）がある者であって、障害及び社会的障壁により継続的に日常生活又は社会生活に相当な制限を受ける状態にあるものをいう」（第1項）と定められている。また、社会的障壁とは「障害がある者にとって日常生活又は社会生活を営む上で障壁となるような社会における事物、制度、慣行、観念その他一切のものをいう」（第２項）とある。

第３条では、地域社会における共生の考え方が定められており、「第１条に規定する社会の実現は、全ての障害者が、障害者でない者と等しく、基本的人権を享有する個人としてその尊厳が重んぜられ、その尊厳にふさわしい生活を保障される権利を有することを前提としつつ、次に掲げる事項を旨として図られなければならない」とし、「⑴ 全て障害者は、社会を構成する一員として社会、経済、文化その他あらゆる分野の活動に参加する機会が確保されること」「⑵ 全て障害者は、可能な限り、どこで誰と生活するかについての選択の機会が確保され、地域社会において他の人々と共生することを妨げられないこと」「⑶ 全て障害者は、可能な限り、言語（手話を含む。）その他の意思疎通のための手段についての選択の機会が確保されるとともに、情報の取得又は利用のための手段についての選択の機会の拡大が図られること」としている。

障害者の定義については、身体障害、知的障害、精神障害という区分がなされているが、近年、学習障害、ADHD、自閉症スペクトラム障害（ASD）などの「発達障害」が注目されるようになってきている。これまでの３つの障害のはざまで支援の対象にされてこなかったこの発達障害に対して、2004年に「発達障害者支援法」が制定されるとともに、2007年からは特別支援教育が学校教育法に位置づけられ、発達障害のある子どもも含め、一人ひとりの教育的ニーズ（SEN）を把握し、その持てる力を高め、生活や学習上の困難さを改善または克服するために、適切な指導および必要な支援を行うことで、従来の特殊教育からの転換が図られた。

一方、「発達障害者支援法」では、「自閉症、アスペルガー症候群その他の広汎性発達障害、学習障害、注意欠陥多動性障害その他これに類する脳機能の障害であってその症状が通常低年齢において発現するものとして政令で定めるもの」（第２条第１項）を発達障害とし、「この法律において『発達障害者』とは、発達障害を有するために日常生活又は社会生活に制限を受ける者をいい、『発達障害児』とは、発達障害者のうち十八歳未満のものをいう」(同条第2項) と定められている。

障害者福祉に関わる機関は、児童に対する児童相談所や福祉事務所に加え、身体障害を持つ人への専門的な相談窓口として身体障害者更生相談所、知的障害を持つ人への専門的な相談窓口として知的障害者更生相談所などが設置されている。いずれも、都道府県、政令指定都市に義務設置されている。また近年、発達障害を持つ人への専門的な相談窓口としての発達障害者支援センターも相次いで設置されている。

なお、身体障害者については身体障害者手帳、知的障害者については療育手帳、精神障害者については精神障害者保健福祉手帳という手帳制度があり、手帳を取得することにより、各種の福祉サービスの提供を受けられるしくみへとつながるようになっている。

2. 障害者の雇用と福祉的就労施策

障害者の就労形態は、一般企業などで雇用関係を持って働く「一般雇用」と、授産施設や小規模作業所など特に障害者のために設けられた場で働く「福祉的就労」に大きく分類される。「福祉的就労」は、労働者としての保護が少ないため、障害者の安定した就労継続のためにも「福祉的就労」から「一般就労」への移行が求められている。

障害者雇用施策は、「障害者の雇用の促進等に関する法律」によって、企業等には障害者の一定以上の雇用が義務づけられており (法定雇用率)、国・地方自治体2.3%、教育委員会2.2%、民間事業所2.0%の雇用が義務づけられている。しかしながら、2015年6月現在の民間企業における障害者の実雇用率は1.88%であり (厚生労働省職業安定局集計)、障害者雇用の現状はたいへん厳しいものがある。2016年4月には、障害者雇用のさらなる拡大と質の向上のために、今後の障害者雇用安定法が改正され、合理的配慮の提供義務を定めるとともに、障害者の雇用に関する状況に鑑(かんが)み、精神障害者を法定雇用率の算定基礎に加える等の措置が講じられている。

授産施設や小規模作業所に代表される福祉的就労は、労働関係法規の適応を受けず、低賃金であることも多いが、多くの障害者の働く場として重要な位置を占めている。保育士資格のために施設実習に行く学生も多い。授産施設は、「雇用困難または生活に困窮するもの等に必要な訓練、職業を与え自活させる」ことを目的とする施設（身体障害者福祉法第31条）であり、知的障害者、精神障害者もそれぞれに法律で定められている。全国授産施設協議会が、授産施設という名称を「社会就労センター（セルプ）」(Support Employment, Living and Par-ticipation : SELP) とする提案をし、その呼称はしだいに定着しつつある。

一方、小規模作業所は法定外施設であるが、より重度の障害者の就労の場として、親の会などが中心に設置している。2000年度の法人設立の基準緩和により、「小規模授産施設」として法人化が可能となった。

なお、授産施設や小規模作業所はともに、2006年施行の障害者自立支援法により、2012年3月末までに生活介護、生活訓練、就労移行支援、就労継続支援、地域活動支援センターなどの事業体制へと順次移行している。障害者相談支援事業者とは、相談支援専門員が電話・面接・訪問などにより、障害者およびその家族のさまざまな相談を受け、福祉サービスの利用援助や専門機関の紹介、療育相談、サービス利用計画の作成などを行う機関のことである。

第3節 障害者福祉の現状と展望

1. 障害者福祉の現状と課題

以下は、大阪府茨木市において「障害者の暮らしやすさの状況」について尋ねたアンケート調査の結果である。

茨木市が提供する情報について、身体障害、知的障害、精神障害いずれの障害者も「（情報の活用が）できていないと思う」の割合が高く、特に知的障害者では61.8％に達している。また、市の情報提供に対して、「もっとわかりやすい情報を提供してほしい」（52.1％）や「情報提供の手段をもっと増やしてほしい」（40.2％）との回答が多くなっている。利用しやすい相談機関については、身体障害者は「1つの相談窓口で何でも相談できること」（36.0％）、知的障害者は「特定の障害や問題について詳しい専門の職員がいること」（39.5％）、精神障害者は「年齢を問わず、相談できること」（35.4％）などがそれぞれ多くなっている。

障害者相談支援事業者を「知らない」が66.5％で、特に身体・精神障害者では7割前後を占めている。一方、知的障害者の認知率は54.0％と高く、また「利用したことがある」は17.6％であった。障害者相談支援事業者を利用したことがない理由は、「何をしてくれるところかわからない」（36.0％）、「どんな相談をしてよいのかわからない」（25.2％）が多かった。いずれも知的障害者の割合が最も高くなっている。

さらに、差別など嫌な思いをした経験について、「特にない」が障害者の47.0％を占めている。身体・精神障害者は「障害についてわかってもらえない」（身体12.9％、精神29.0％）が、知的障害者では「じろじろ見られたり、指をさされる」（34.8％）が多くなっている。これらの事実や現状を、保育士となる者、支援者や健常者はしっかりと理解・把握しておく必要があろう。

2．障害者自立支援法から障害者総合支援法へ

長い間、障害者は社会的弱者の立場であり、さまざまな福祉施策で保護されるべきであると考えられてきたが、徐々に障害者自ら が社会に対して発信し、発言し、行動するようになってきた。ノーマライゼーションやインクルージョンの理念や思想も、以前に比べて理解する人が増えてきていると考えられる。そのような中、障害者の自立と社会参加および地域で暮らすための在宅福祉に向かって、2006年度に「障害者自立支

援法」の本格施行が始まった。これまでは、障害者が施設に入所ないしは通所を申請すると、行政がどの施設がよいかを決定して措置する、いわゆる「措置制度」が長年とられてきた。しかしながら、障害者自立支援法の下では、障害者が自分でサービスを選ぶ形態に移行・変化した。また費用についても、これまでは所得に応じた負担（応能負担）であったのが、所得には関係なく利用したサービスにかかった費用の1割負担というわゆる「応益負担」に変わったのである。しかし実際に施行してみると、1割負担が重くのしかかり、経済的な理由から通所施設に通う回数を減らさざるを得ないケースなどが続出したことも相まって、「自立と社会参加」という理念は存続させながらも、この制度は今後「障害者総合支援法」で見直される見通しである。

2012年8月には、厚生労働省は、「障害者制度改革の推進のための基本的な方向について」（2010年6月29日閣議決定）などを踏まえ、障害者雇用促進制度における障害者の範囲等のあり方等について検討するため、「障害者雇用促進制度における障害者の範囲等の在り方に関する研究会」、「労働・雇用分野における障害者権利条約への対応の在り方に関する研究会」および「地域の就労支援の在り方に関する研究会」の3つの研究会を開催し、2011年11月から議論を重ねてきている。この議論の結果として、各研究会の報告書が現在取りまとめられている。

このように、障害のある人も普通に暮らし、地域の一員として共に生きる社会づくりを目指して、今も発展途上ではあるが、障害者福祉サービスをはじめとする具現的な障害保健福祉施策が推進されようとしている。今後も引き続き、障害者福祉制度の改革も、待ったなしの取り組みが進められなければならない。

障害は、社会にある障壁であり、力を合わせれば変えることができる。障害児・者を支援の対象と捉えるのではなく、障害児・者が自らの決定に基づき社会のあらゆる活動に参加する主体として捉え、社会市民全体が共に支え合いながら安心して暮らしていけるように取り組む必要があろう。

【引用・参考文献】

伊藤健次編『新・障がいのある子どもの保育』（株）みらい、2011 年

茨木市編『茨木市障害福祉計画（第 3 期)』茨木市障害福祉課、2012 年

小川圭子・矢野正編『保育実践にいかす障がい児の理解と支援』嵯峨野書院、2014 年

大島侑監修『障害者福祉論』ミネルヴァ書房、2010 年

障害福祉研究会編『ICF 国際生活機能分類──国際障害分類改訂版』中央法規出版、2002 年

長岡京市編『第 5 次長岡京市障がい者（児）福祉基本計画』長岡京市健康福祉部障がい福祉課、2016 年

日本ＬＤ学会編『日本ＬＤ学会ＬＤ・ＡＤＨＤ等関連用語集』(株) 日本文化科学社、2011 年

林邦雄・谷田貝公昭監修、青木豊編著『障害児保育』（保育者養成シリーズ）一藝社、2012 年

本郷一夫『発達アセスメント』有斐閣選書、2008 年

三浦文夫『社会福祉エッセンス』自由国民社、2008 年

守屋國光『発達教育論』風間書房、2004 年

守屋國光『自我発達論』風間書房、2010 年

守屋国光編『特別支援教育総論』風間書房、2015 年

矢野正「共存・共生の社会を目指して」地域福祉サイエンス　第 1 号、pp.189-191、2014 年

矢野正「日本におけるインクルーシブ教育システム構築の課題」地域福祉サイエンス　第 2 号、pp.281-286、2015 年

渡部信一・本郷一夫・無藤隆編『障害児保育』北大路書房、2009 年

第13章

社会福祉と子ども

上岡　義典

第1節　子育て家庭を取り巻く状況

近年のわが国は都市化や小家族化が進行し、地域社会におけるつながりが希薄となり、家庭や地域における子育て機能が低下してきている。かつて子育ては、家族を中心に地域社会が担い手であったが、現在は家族や家庭を社会が支援していく時代になった。本章では、子どもを取り巻く社会や家庭の状況を概観し、現在の子育て支援について考える。

1．少子化

少子化が叫ばれて久しいが、1989年に合計特殊出生率（1人の女性が一生の間に生む子ども数の目安）が戦後最低を記録したことにより、社会的な話題として大きく取り上げられた（**図表1**）。これは「1.57ショック」と呼ばれ、丙午（ひのえうま）の年（この年に生まれた女の子は気性が激しくなるという迷信がある）に当たる1966年の1.58を下回ったのである。折しも1989年は、来る高齢化社会に備えた「高齢者保健福祉推進10カ年戦略（ゴールドプラン）」が発表された年であったが、「高齢者を支える若者がいなくなるのではないか」と大きな反響を巻き起こし、その後の少子化対策の起点となった。以後も合計特殊出生率は低下の傾向を示しており、回復傾向が認められるまでには至っていない。日本は、老年人口（65歳以上）の占める割合が年少人口（0～14歳）よりも高く、少子高齢化が非常に進んでいる状況にある。

少子化の要因については、結婚や出産に対する価値観の変化を背景とする晩婚化・晩産化・非婚化が指摘されている。しかし一方では、結婚や出産を望んでも現実には困難な状況が存在しているという側面もある。結婚後も生活を続けていける経済的な安定性が十分ではないことや、子育てをしながら正規雇用での女性の就業が難しいことなどである。この

図表１　出生数および合計特殊出生率の推移

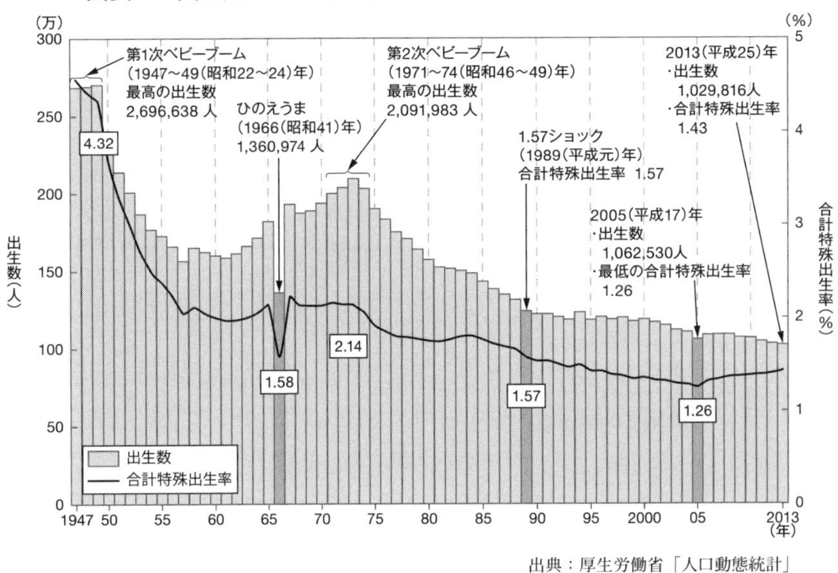

出典：厚生労働省「人口動態統計」

ような少子化の背景的要因を理解し、子育て支援のための対策を講じる必要がある。

2．家庭・家族や地域の変化

(1) 都市化と核家族化

日本においては、1960年代の初め頃より第三次産業の就業率の増加や都市部への人口移動が多く見られ、生活や居住のあり方に変化をもたらした。農業や漁業を中心に、家族や親族・地域社会で助け合って生計を立てる方法から、会社などから給料を得ての生活に変わり、地域社会におけるつながりが薄れ、農村地域においても都市型の生活様式に変わっていった。

この都市化などに伴い、夫婦とその未婚の子どもだけから成る「核家族」が増えたといわれる。核家族化の進行である。ただ近年では、単身世帯の増加に伴い、核家族は減少傾向にある。しかしいずれにしても、一つの世帯を構成する平均人員は少なくなっており、人々は旧来の生活様式や文化・慣習にとらわれない生活スタイルに変化してきていると考えられる。

(2) 家族や地域の機能

旧来の子育ては、家族や親族・地域のつながりの中で行われてきたが、価値観の多様化や都市化・核家族化の進行などに伴い、子育てにおける家族機能の脆弱化や地域力の低下が見られる。家族や地域の養育機能が低下した現在、外部のサービスによって補足や代替をされることが求められている。

3. 子育てをめぐる問題

(1) 児童虐待

家庭や地域における養育機能が低下し、児童虐待が深刻化している。児童虐待には、主に「身体的虐待」「性的虐待」「ネグレクト」「心理的虐待」があるが、最近では虐待より広い概念である「マルトリートメント」(maltreatment；子どもに対する大人の不適切な関わり)という言葉を耳にする機会も増えてきている。

児童虐待は子どもの権利侵害であることは言うまでもないが、子どもの心身の成長や人格形成において重大な影響を及ぼすため、身体的・心理的ケアが不可欠となる。虐待を受けた子どもの特徴として、数多くの発達障害児が存在することや、多動で衝動的な傾向が極めて一般的であること、反応性愛着障害や解離性障害との関連が深いことなどが指摘されており［杉山、2007］、小野純平は、子どもに対する注意深い観察の必要性とそれに基づく支援方法の違いについて述べている［小野、2010］。

現代の子育て環境を考えた場合、児童虐待は誰にでも起こりうるものである。しかし児童虐待は決してあってはならない問題であり、児童虐待の防止等に関する法律(児童虐待防止法)に代表される防止や予防の策が講じられている。

(2) 保育所入所待機児童（待機児童）

保育所入所待機児童（以下、待機児童）とは、認可保育園に入所の申請をしているが、満員などの理由により入所できない児童をいう。各方面の努力により、ここ数年、待機児童は減少傾向にあった。しかし新制度の導入やサービスメニューの多様化に伴って保育利用の申請者数が大幅に増え、保育の受け皿は拡大されたにもかかわらず、2015年には待機児童数は増加に転じた。

2016年4月現在の待機児童数は2万3553人。特に都市部において深刻であり、1・2歳児の占める割合が高い。2013年には、2015年度からの子ども・子育て支援新制度の施行を待たずに「待機児童解消加速化プラン」を策定し、待機児童の解消を目指している。

・

第2節 子育て家庭における子ども

1. 子育て家庭の状況

(1) 育児ストレス

小家族化が進んでいる現在、かつてのように祖父母や親族などから育児に関する協力を得られることは非常に少なくなり、また地域社会におけるつながりも希薄になった。さらには少子化の影響から、身近なところで同年代の親子と接する機会も減った。このように、なんらかの形で子育てをサポートしてくれる環境が少ない中、保護者自身の「親としての準備」が不足している部分も指摘されている。子どもと遊んだり、子どもの世話をしたりするなどの子どもと接する機会を持たずに親になる場合が少なからずある。

子育ては、いろいろな人のサポートがないと現実的に難しい。不安感や孤立感・負担感を覚えて行き詰まってしまい、イライラが募って子ども虐待につながってしまう恐れもある。働く母親に比べて専業主婦が孤立感を感じる頻度が高く、また本に依存して融通が利かなくなったりする“育児本ストレス”なる言葉も耳にする。最近では家事や育児に積極的な「イクメン」と呼ばれる父親も増えてはいるが、一般的には、家事や育児に父親が従事する時間は少ない状況にある。育児に関する助言・サポートが必要に応じて得られるような場や人の確保が必要である。

(2) 保護者の価値観や家族形態の多様化

「子どもにとっての最善」ではなく、自分の仕事や趣味・都合などを子育てよりも優先させてしまう保護者がいる。「全てにおいて、子どもの生活を第一に」というわけではないが、子どもにとって必要な養育が提供されていない可能性がある。また最近では、離婚に伴う「ひとり親」世帯や子連れ再婚による家庭（ステップファミリー）、外国籍の保護者を持つ子どもも増えており、それぞれの家庭事情は多様化・複雑化している。保護者の抱える課題はさまざまであり、保護者どうしにおいてもコミュニケーションを図り、お互いを理解していくことが求められている。

2．子どもの置かれている状況

(1) 生活の変化

子どもの生活から、「空間」「時間」「仲間」の３つの間、いわゆる「サンマ」の減少が言われて久しい。1960年代以降、空き地や広場は宅地や駐車場となり、子どもの遊ぶ空間は減り、遊ぶ集団も小さくなった。習い事や塾通いなどで子どもたちは忙しく、もっぱら遊びは家の中や屋内でのゲームが主流となっている。

一方、携帯やパソコンを通じて、不特定多数の「仲間」と「時間」や「空間」を共有している現象がある。しかし、この“擬似的サンマ”においては、インターネット犯罪の標的となったり、ネットいじめが横行するなどの問題が多数生じている。安全で安心な子どもたちの居場所作りが必要であると考える。

(2) 社会生活力の低下

近隣の子どもと遊ぶという実体験が減少し、遊びを通して得られる社会体験が少なくなっている。ごく限られた人間関係の中で育つことにより、コミュニケーション能力や社会生活能力が育たなくなってきている。

第3節 子育て家庭に対する福祉サービスと支援

1．保育サービス

(1) 保育サービスとは

保育サービスとは、保育所における保育だけではなく、子どもの保育に関するサービス全般を指している。そのため、幼稚園や病院などの他施設で実施されているサービスも含むものであり、地域の子育て家庭全てが対象となっている。

ところで、後述する「子ども・子育て関連三法」の成立に伴い、2015年度より「子ども・子育て支援新制度」がスタートした。この新制度では、新たに「施設型給付」と「地域型保育給付」が創設され、財政支援の仕組みが一本化された。

(2) 各種保育サービス――施設型給付

①保育所

保育所は児童福祉法第39条に基づく児童福祉施設であり、保護者の就労や病気などの理由により「保育を必要とする」乳児や幼児の保育を行う。2016年4月1日現在、全国に3万859カ所の保育所等があり、245万8607人の子どもたちが利用している。先に触れた保育所入所待機児童の問題から、さらなる量的な拡充が求められている。

保育所における保育は、かつては「保育に欠ける」子どもの保育が中心であった。しかし子どもを取り巻く環境の変化に伴い、地域における子育て支援のために、乳幼児などの保育に関する相談に応じ、助言するなどの役割も担っている。加えて、通常保育以外にも、保護者の多様なニーズに応えるため、延長保育や一時保育・休日保育などの特別保育が実施されている。

②認定こども園

2006年10月1日より、「就学前の子どもに関する教育、保育等の総合的な提供の推進に関する法律」に基づいて「認定こども園」が制度化された。認定こども園は、就学前の教育と保育を一貫して提供する新たな枠組みであり、幼保連携型（認可幼稚園と認可保育所の連携）、幼稚園型（認可幼稚園を基本として、保育時間を確保）、保育所型（認可保育所を基本として、幼稚園的機能を備える）、地域裁量型（幼稚園・保育所いずれの認可もない施設が、認定こども園としての認可を受ける）の４つのタイプに分けられる。

その後、幼稚園と保育所を一体化する施設「総合こども園」を創設して、全国の幼稚園と保育所をこれに移行していく構想が打ち出されていた。しかし、この「総合こども園法案」は廃案となり、新たな「幼保連携型認定こども園（学校であると同時に、社会福祉施設）」が「子ども・子育て支援法」の施行に伴いスタートした。

(3) 各種保育サービス――地域型保育給付

①家庭的保育（家庭的保育事業）

家庭的保育事業は、家庭的保育者によって、家庭その他の場所で保育に欠ける乳幼児を保育する事業で、従来「保育ママ」として実施されていたものである。2008年の児童福祉法改正によって法定化された。

②事業所内保育（事業所内保育事業）

事業所内保育事業は、事業所内の保育施設などにおいて、主として従業員の子どもの他、地域の子どもの保育を行う事業である。子ども・子育て支援新制度において「地域型保育給付」として位置づけられた。

③小規模保育（小規模保育事業）

小規模保育事業とは、定員規模6人以上19人以下の少人数で保育を行う事業であり、子ども･子育て支援新制度において「地域型保育給付」の対象となったものである。保育所分園に近い「A型」、家庭的保育に近い「C型」、それらの中間的な「B型」の3つの類型に大別される。

④居宅訪問型保育（居宅訪問型保育事業）

居宅訪問型保育事業は、保育を必要とする3歳未満の乳幼児の居宅において、家庭的保育者（必要な研修を修了した保育士又は保育士と同等以上の知識及び経験を有すると市町村長が認めるもの）による1対1の保育を行う事業である。対象は、障がいや疾病等を有する個別のケアが必要な子どもや閉鎖などによって保育所等での保育が利用できなくなった子どもなどであり、子ども・子育て支援新制度において新たな事業として位置づけられ、「地域型保育給付」の対象となった。

(4) その他の保育施設──認可外保育施設

認可外保育施設とは、保育所と同じく乳児や幼児の保育を行う施設であるが、児童福祉法に基づく認可を受けていない保育施設の総称である。認可外施設には、ベビーホテル・駅型保育所・駅前保育所・へき地保育所などがある。

2．社会的養護

(1) 社会的養護とは

なんらかの事情（保護者等の入院や死亡・行方不明、経済的貧困、虐待など）によって、家庭で暮らすことができない子どもがいる。そのような子どもに対し、家庭に代わって社会が責任を持って養育するしくみを社会的養護という。

一方、子どもが家庭において養育されることを家庭養育というが、社会的養護は、その家庭養育を支えるサービスである。子育て家庭を取り巻く環境の変化に伴い、社会的養護と家庭養育の協働をベースに、子どもの健全な育成が図られるとも言えるだろう。

(2) 社会的養護の体系

上記のように社会的養護の説明を聞くと、「施設で子どもを養育する」というイメージを持つ人も少なくないであろうが、日本における社会的養護は、家庭養護(里親など家庭的な環境で養育が行われる)と施設養護(乳児院や児童養護施設などの児童福祉施設で養育が行われる)に大別される(**図表2**)。「家庭養護」には里親制度や小規模住居型児童養育事業（ファミリーホーム）があり、保護の必要な児童を養育者の家庭に迎え入れて養育を行うことである。また「施設養護」は、児童福祉施設等で子どもの保育･保護･養育などが行われるものである。

一方「家庭的養護」とは、児童養護施設等における地域小規模児童養護施設（グループホーム）や小規模グループケアなど、施設において家庭的な養育環境を目指す小規模化の取り組みをいう。厚生労働者は、これまで家庭的養護と家庭養護の区別を行ってこなかったが、家庭養育との関係や国連の代替的養護の指針での用語の区別などを踏まえて、「第13回社会保障審議会児童部会社会養護専門委員会資料」(2012年1月)からは、里親等（里親、ファミリーホーム）には「家庭養護」の言葉を用いるように用語の整理を行った。ただし「家庭的養護の推進」という言葉を用いる場合は、施設養護に対する家庭養護と施設養護における家庭的養護を合わせたものを指す［赤瀬川、2016］。

図表2　児童養護の体系

児童養護
- 家庭養育
- 社会的養護
  - 施設養護：乳児院／児童養護施設／児童自立支援施設／情緒障害児短期治療施設（児童心理治療施設）／母子生活支援施設／障害児入所施設
    - 家庭的養護：地域小規模児童養護施設（グループフォーム）／小規模グループケア／自立援助ホーム
  - 家庭養護：里親制度／小規模住居型児童養育事業（ファミリーホーム）

出典：村田［2013］を基に筆者作成

(3) 社会的養護の動向

以前は「親がいない子ども」の問題が中心であったが、昨今では、児童虐待や離婚、経済的な理由、養育者の病気や障害、服役などさまざまな問題を抱えており、「親がいない子ども」は少ない状況にある。一方、児童養護施設に入所している児童の半数以上が虐待を受けているなど、児童虐待が重大な問題となっている。現在の児童養護施設等には生活の場としての役割だけではなく、心身のケアや治療的アプローチ、親子関係の回復および家庭復帰に向けての取り組みも求められており、心理療法担当職員や家庭支援専門相談員(ファミリーソーシャルワーカー；施設入所前から退所後に至るまでの総合的な家族調整を担う)・個別対応職員(虐待を受けた子ども等の支援を行う) が配置されている。

このように児童養護施設に代表される施設養護においては、虐待を受けた子どもなどの情緒的な安定を図って心身の発達を促し、社会的な自立を支援していくことが求められている。そのため最近の取り組みとして、より家庭的な生活環境を提供するために小規模単位での施設ケアが進んでいる。

3. 子育て支援

(1) 新たな「少子化社会対策大綱」へ

1989年の「1.57ショック」を受けて、さまざまな少子化対策が実施されてきた。しかしながら、生まれる子どもを増やそうという意味での少子化対策は10年間にわたったものの、2005年には過去最低の合計特殊出生率1.26を記録した。

こうした流れも踏まえて、少子化対策から「子ども・子育て支援」へと視点の転換が明確に図られ、2010年度から「子ども・子育てビジョン」(少子化社会対策大綱)が実施された。「子ども・子育てビジョン」では、「子どもが主人公(チルドレン・ファースト)である」という位置づけの下「子ども・子育て支援」に視点が移され、社会全体で子育てを支えるとともに、生活と仕事と子育ての調和を目指した。その後「子ども・子育てビジョン」の実施期間終了に伴って、結婚や子どもについての希望を実現できる社会の実現を目標とした新たな「少子化社会対策大綱」が閣議決定され、2015年度から取り組みがスタートしている。

(2) 子ども・子育てをめぐる新たな仕組み――子ども・子育て支援新制度

2012年8月、「子ども・子育て支援法」「認定こども園法の一部改正」「子ども・子育て支援法及び認定こども園法の一部改正法の施行に伴う関係法律の整備等に関する法律」の子ども・子育て関連3法が成立し、2015年度から「子ども・子育て支援新制度」がスタートした。「子ども・子育て支援新制度」では、内閣府管轄のもと、幼児期の学校教育や保育、地域の子育て支援について、量的拡充や質の向上を目的としている。主な取り組みとして、「認定こども園」の普及を図ることや新たな給付方式（「施設型給付」「地域型保育給付」）の創設、利用者支援・地域子育て支援拠点・放課後児童クラブなどの「地域子ども・子育て支援事業」の充実などがあげられる。

(3) 各種の子育て支援サービス

①地域子育て支援拠点事業

子育て中の親子が身近な場所に気軽に集まって、相互の交流や子育ての不安・悩みなどを相談できる場所を提供する事業である。従来の実施形態としては、「ひろば型」（公共の空きスペースや商店街の空き店舗などを活用）「センター型」（保育所などで実施）「児童館型」（児童館で実施）の3つがあったが、「ひろば型」「センター型」を「一般型」に、「児童館型」は児童福祉施設等で行う「連携型」に再編されると共に、利用者支援や地域支援を行う「地域機能強化型」が創設された。

②ファミリー・サポート・センター事業

子どもの送迎や預かりなどの援助を希望する者と援助を行いたい者により会員構成される相互の援助活動である。センターにはアドバイザーと呼ばれる担当者が配置されており、援助活動の調整や会員の募集、会員に対する講習会などを行っている。

③子育て短期支援事業

保護者の病気・残業・出張・冠婚葬祭、夫の暴力などの理由で養育が困難になった場合などに、児童養護施設や母子生活支援施設、乳児院などにおいて、一時的に子どもの養育や保護を行う事業である。一定の期間預かる「短期入所生活援助事業」(ショートステイ事業)と、平日の夜間や休日などの保護者がいないときに預かる「夜間養護等事業」(トワイライトステイ事業)がある。

④その他

家庭を訪問するタイプの事業として、「乳児家庭全戸訪問事業」(こんにちは赤ちゃん事業;育児に関する不安や悩みの相談や子育て支援に関する情報提供などを行う)や「養育支援訪問事業」(養育支援が必要な家庭に対して、育児・家事の援助または指導助言を行う)がある。また経済的側面への支援として、児童手当法に基づく児童手当が子どもを養育している保護者に対して支給されている。

【引用・参考文献】

赤瀬川修「子どもの社会的養護の概要」松本峰雄編著『子どもの養護――社会的養護の原理と内容(第3版)』建帛社、2016年、pp.24-41

上野恭裕編著『おもしろく簡潔に学ぶ保育原理』保育出版社、2005年

小野純平「被虐待児の支援において知能検査は何ができるのか?――発達障害および反応性愛着障害の支援における心理・教育アセスメントの役割」『K－ABCアセスメント研究』12、K－ABCアセスメント研究会、2010年、pp.57-61.

岸井勇雄・無藤隆・柴崎正行監修、網野武博・柏女霊峰編著『子ども家庭福祉の新展開』(保育・教育ネオシリーズ)同文書院、2009年

櫻井奈津子編『保育と児童家庭福祉（第2版）』（シリーズ保育と現代社会）
みらい、2016年
佐々木政人・澁谷昌史・加藤洋子編著『改訂 子ども家庭福祉』光生館、
2016年
杉山登志郎『子ども虐待という第四の発達障害』学研、2007年
村田一昭「社会的養護の実施体制としくみの理解」大竹智・山田利子編『保
育と社会的養護原理』みらい、2013年、pp.87-101
厚生労働省ホームページ：http://www.mhlw.go.jp/（2016年9月30日参照）
内閣府ホームページ：http://www.cao.go.jp/（2016年9月30日参照）

第14章

社会福祉と地域生活

三ッ石行宏

第*1*節　地域福祉の考え方

1．地域福祉という領域

地域福祉は、2000年以降、社会福祉の中でメインストリーム（主流）になった領域である。地域福祉の他に、社会福祉の領域には、高齢者福祉、障害者福祉、児童家庭福祉、女性福祉などがある。そのため初めて社会福祉を学ぶ人は、それらと同じレベルで地域福祉を捉えるかもしれない。ただ、高齢者福祉、障害者福祉などと地域福祉では、捉え方が異なる。高齢者福祉、障害者福祉などは、「高齢者」「障害者」など社会福祉において援助を必要とする人を基準にして分けられた領域である。一方、地域福祉は、地域を基盤として社会福祉問題の解決を図ろうとするものであり、いわば社会福祉が展開される場と方法に基づいて分けられた領域である。そのため地域福祉は、高齢者福祉問題、障害者福祉問題、女性福祉問題など、あらゆる社会福祉問題を対象とする。それらさまざまな社会福祉問題を地域に焦点づけて解決していこうとする領域が地域福祉である。

2．地域福祉の概念

地域福祉とは、大橋謙策の規定によれば、「自立生活が困難な個人や家族が、地域において自立生活ができるよう必要なサービスを提供することであり、そのために必要な物理的・精神的環境の醸成を図るとともに、社会資源の活用、社会福祉制度の確立、福祉教育の展開を総合的に行う活動」［大橋、2006］のことである。

私たちは、年をとったり、障害を抱えて、たとえ他者からの援助が必要になっても、住み慣れた地域の中で、家族とつながりを持って、ごく当たり前の日常生活を送りたいと願う存在である。また、他者からの援助が必要となっても、ただ他者の言いなりになって援助されるのではなく、必要な援助を自分で選び、利用しながら自分らしい生活（自立生活）を送りたいと願う存在である。

地域での自立生活を実現するためには、次の３つが重要となる。

１つ目は、バリアフリー化など物理的な環境を整備することである。車いす利用者や目が不自由な人にとって、街を歩こうとしたり、どこかへ行こうとするときなどの移動面で困るのは、点字ブロックのない道であったり、乗降口に段差のあるバスであったり、エレベーターの設置されていない駅などである。つまり、バリアフリー化されていない環境であると、高齢者や障害者は非常に生活しづらくなるため、生活環境面でバリアフリー化に取り組む必要がある。ただ最近では、バリアフリーを発展させたユニバーサルデザインという考え方が出てきている。ユニバーサルデザインとは、「年齢や性別、体の自由・不自由、知覚・行動の相違に関係なく、すべての人が快適に日常生活を送れるようにする」という考え方である。

２つ目は、福祉サービスを充実し、安心して暮らせる地域をつくることである。つまり、全国社会福祉協議会の言うところの「福祉組織化」が求められる。「福祉組織化」とは簡潔に言うと、社会資源を動員したり開発したりすることである。ここで言う社会資源とは、地域住民が生活するうえでのニーズを満たすためのサービスや施設、人材、組織・機関、資金などである。社会資源は、フォーマルな資源（行政や社会福祉法人などによるもの）とインフォーマルな資源（近隣の人々や友人などによるもの）の２つに大別できる。

３つ目は、地域住民が社会福祉に関する理解を深め、住民どうしで支え合う地域社会をつくることである。つまり、全国社会福祉協議会が言うところの「地域組織化」が求められる。「地域組織化」の具体的内容は、援助グループ作り、ボランティア活動への参加促進、高齢者や障害者およびその家族などの当事者の組織化、住民・団体間での連携を促進するための地域福祉活動計画作り、などである。

3．地域福祉の歴史

地域福祉が社会福祉において実体化してくるのは1970年代に入ってからである。戦後から1950年代までの社会福祉は、生活困窮者や戦災孤児、傷痍軍人などの生活困窮者を対象としたものだった。その時期に、彼らを対象とする「(旧) 生活保護法」(1946年)、「児童福祉法」(1947年)、「身体障害者福祉法」(1949年) が制定され、福祉三法体制が確立された。1960年代に入り、「精神薄弱者福祉法 (後の知的障害者福祉法)」(1960年)、「老人福祉法」(1963年)、「母子福祉法 (後の母子及び寡婦福祉法)」(1964年) が制定され、福祉六法体制となっても、援助対象者は生活困窮者が中心であった。年をとったり障害を抱えて援助が必要になった場合は、まず家庭での介護が前提とされていた。もし家族に介護の能力がない場合には、家族や住み慣れた地域から離れ、社会福祉施設に入所する方法が採られた。いわゆる施設収容主義が採られていた時期であった。

1970年代になって高齢化社会に入ると、これまでの福祉六法体制が基本とする金銭的な援助だけでは対応しきれない問題が出てきた。寝たきりの高齢者や認知症高齢者が増大する一方、女性の就労の増大や核家族化も進んだため、家庭や地域における介護力が弱まり、高齢者福祉問題が深刻化したのである。そこで、新しいサービスのあり方が求められるようになり、厚生省 (現：厚生労働省) は２つの施策を検討し始めたのである。

厚生省が検討した社会福祉施策は、一つは入所型社会福祉施設の整備を進める施策であり、もう一つは地域福祉 (コミュニティケア) を進める施策であった。当時あまりにも入所型社会福祉施設の数が足りないこともあって、厚生省は入所型社会福祉施設を整備する施策を選択し、1971年を初年度とする「社会福祉施設緊急整備５カ年計画」を制定した。

拡大傾向にあった社会福祉であるが、1973年に起こった石油ショックの影響により日本の経済が失速し低成長時代を迎えると、一転して従来の社会福祉施策を批判的に見直そうという動きが見られるようになった。いわゆる「福祉見直し」論の展開である。社会福祉への財政支出が抑制される中で、家族や地域の中での相互扶助が求められるようになっていくのである。一方、国際障害者年（1981年）を契機に、福祉サービスを必要としている人も社会から差別されることなく、地域から隔離されることなく、地域で普通の住民として生きていけるようにしようとする考え方、つまりノーマライゼーションの考え方が定着・普及するようになっていく。

「福祉見直し」論の展開やノーマライゼーションの普及という流れの中、在宅で家族や友人に囲まれながら福祉サービスを利用できるという、いわゆる在宅福祉サービスがクローズアップされていく。1989年には、大蔵省（現：財務省）、厚生省、自治省（現：総務省）の３大臣合意の下、在宅福祉サービスの充実を軸にした「高齢者保健福祉推進十か年戦略」（ゴールドプラン）が策定された。そして1990年に社会福祉関係八法が改正され、在宅福祉サービスが整備される時期に入る。社会福祉関係八法の改正のポイントは、国が指示をして執行してきた福祉サービスを、市町村が中心となり地域の実態に即して判断し、推進するように変更を促すところにあった。

2000年には、社会福祉行政の基本法といわれる「社会福祉事業法」が「社会福祉法」へと改正された。その際、地域福祉の推進が「社会福祉法」に明文化されたのである。具体的には、次のように「社会福祉法」には定められている。「地域住民、社会福祉を目的とする事業を経営する者及び社会福祉に関する活動を行う者は、相互に協力し、福祉サービスを必要とする地域住民が地域社会を構成する一員として日常生活を営み、社会、経済、文化その他あらゆる分野の活動に参加する機会が与えられるように、地域福祉の推進に努めなければならない」（社会福祉法第

4条）。地域福祉という用語が法律で示されたのは、2000年に成立したこの法律が初めてである。

第2節 地域を基盤とした福祉サービス

1．在宅福祉サービス

高齢や障害によって、たとえ他者からの援助が必要になっても、住み慣れた地域の中で家族とつながりを持って、ごく当たり前の日常生活を送りたいと願うとき、在宅での生活維持のために提供される福祉サービス、つまり在宅福祉サービスが重要となってくる。入所型の社会福祉施設では職員によって24時間365日見守られ、援助を受けられるが、在宅で生活をしようと思うと、さまざまな種類の在宅福祉サービスが必要となる。在宅福祉サービスの種類・内容などが不十分である場合、地域で普通の生活を送りたいという願いはかなわないだろう。

在宅福祉サービスは、沢田清方によれば、5種類に分けられる。それは、①日常生活上の家事援助サービス（食事、排泄、衣類着脱、外出、移動、買物、洗濯、入浴などの日常的な事柄に対する援助）、②医療・保健・住宅などに関わるサービス（訪問看護、訪問リハビリテーション、住宅改造など）、③予防的福祉サービス（福祉ニーズそのものが発生しないようにするための教育や研修などの各種活動や、ニーズを早期にキャッチするための調査活動、相談活動など）、④福祉増進のためのサービス（高齢者の生きがいづくりなど）、⑤社会福祉施設の機能を軸とした在宅福祉サービス（ショートステイ、デイサービスなど、各種社会福祉施設が提供するもの）という5種類である［沢田、1993］。

在宅福祉サービスは、社会福祉法人などの事業者だけが行っているわけではなく、地域住民などによっても行われている。地域住民によって行われるサービスは、在宅で生活する高齢者や障害者にとって欠かせなくなっている。地域住民によって行われるサービスとしては、例えば、「ふれあい型給食サービス」がある。これは、月に1～2回程度、地域のボランティアなどが調理した弁当を一人暮らし高齢者などの自宅へ届けるサービスである。このサービスは、ただ配食することを目的としているわけではない。一人暮らし高齢者の見守りや安否確認、孤立感の解消など、さまざまな目的がある。

在宅福祉サービスには長所と短所がある。在宅福祉サービスの長所は、利用者のニーズや個性に合わせたサービスが組み立てられることにある。入所型の社会福祉施設では、原則的に食事の時間やメニューは画一的に決められている。起床や就寝の時間も原則的には決められている。在宅での生活の場合は、それらを自ら決めることが可能であり、自分らしい生活を組み立てることができる。他に長所として、家族や友人、地域とのつながりを保てることが挙げられる。このつながりがあれば、自らが社会的な存在として生活していることを実感できる。家族や地域から隔離された社会福祉施設である場合、自らを社会的存在と実感することは難しいだろう。

在宅福祉サービスの短所は、入所型の社会福祉施設で生活することに比べてコストがかかることと、緊急対応がしづらいことが挙げられる。入所型の社会福祉施設は利用者を1カ所にまとめて世話するため、コストが安くなる。また24時間見守っているため、事故などの緊急の場合であっても即対応することが可能である。在宅での生活の場合は、即対応するのは難しい。最近では、安否確認システムや緊急通報システムが開発されてきているが限界があり、入所型の社会福祉施設に比べると安心感は希薄である。

2．福祉サービスの利用と権利擁護

私たちは、他者からの援助が必要となっても、ただ他者の言いなりになって援助されるのではなく、必要な援助やサービスを自分で選び、利用しながら自分らしい生活（自立生活）を送りたいと願う存在である。社会福祉基礎構造改革によって、措置制度（行政がサービス内容を決定するしくみ）から契約制度に変わり、利用者がサービスを選択・決定することが可能になった。

ただ、地域での自立生活を送りたいと願う人の中には、認知症や知的障害・精神障害などを抱えていて、判断能力が不十分な人がいる。彼らにとって、福祉サービスを選択・決定するのは難しい。そのような人のために、成年後見制度と日常生活自立支援事業（旧・地域福祉権利擁護事業）というしくみがある。

成年後見制度は民法に基づくものであり、精神障害・知的障害などがあり判断能力が不十分なために、財産管理や契約などの行為が難しい人に対し、本人の行為の代理または行為を助ける人を選ぶ制度である。

一方、日常生活自立支援事業は社会福祉法第81条に基づくものであり、認知症や知的・精神障害などを抱えていて判断能力が不十分な人が地域での自立生活を送れるよう、福祉サービスの利用援助などを行うものである。実施主体は都道府県・指定都市社会福祉協議会である。ただし、窓口業務などは市町村の社会福祉協議会などで実施されている。

主な援助内容は、日常的な金銭管理サービス、書類などの預かりサービスである。例えば「福祉サービス利用の申し込みをしたいけれども、手続きの方法が分からない」という場合は、サービスの紹介を行う。「通帳をどこに置いたか忘れてしまう」人に対しては、銀行などの貸し金庫を利用して、預金通帳や印鑑、年金証書などを保管するという援助を行う。福祉サービスの紹介などの援助は、市町村社会福祉協議会の生活支援員が主に担当している。

成年後見制度にしろ日常生活自立支援事業にしろ、権利侵害に陥ることを未然に防ごうとする予防的な側面が強い。これらに併せて、苦情解決・不服申し立て制度がなければ権利擁護としては不十分だと言える。

それらがなければ、福祉サービスに対して不満がある場合や納得できない場合、対処のしようがないのが実情である。

社会福祉法第82条には「社会福祉事業の経営者は、常に、その提供する福祉サービスについて、利用者等からの苦情の適切な解決に努めなければならない」と定められている。また、厚生省社会・援護局長等通知「社会福祉事業の経営者による福祉サービスに関する苦情解決の仕組みの指針について」においては、福祉サービスの事業者は、苦情受け付け担当者を配置すること、苦情解決に関する第三者委員の設置などが求められている。

ただ、苦情の内容によっては、福祉サービスの事業者だけでは解決できないこともある。そのようなケースに対応するために、事業者レベルでのしくみに加えて、都道府県レベルでの苦情解決のしくみも作られている。それが都道府県社会福祉協議会に設置されている「運営適正化委員会」である。

第3節 地域移行における課題

地域移行は、障害者に関わる問題として取り上げられる傾向にあるため、ここでは障害者の地域移行に限定して述べることにする。

長く入所型の社会福祉施設で生活してきた障害者にとって、地域において自立生活をすることにはハードルがいくつか存在する。例えば、車いすを利用する身体障害者の場合、地域で一人暮らしをしようと思っても、車いすから落ちても時間がこなければ助けにきてくれないような制度であると、地域で一人暮らしをすることをためらってしまうことになる。重度の身体障害者の場合、24時間の介護・医療ケア体制を成り立たせるための社会資源が地域に整備されていなければ、地域で自立生活を送ることは困難になる。家族といっしょに暮らすような場合、24時間の介護・医療ケア体制が確立されていないと、やはり家族に負担をかけてしまうことになってしまう。関係機関と連携して、介護・医療ケア体制を確立することが求められる。

他に、地域住民の社会福祉意識というハードルがある。障害者が地域での自立生活を望んでも、近隣の地域住民が障害者に対する偏見を持っていたら、非常に暮らしづらいものになるだろう。

ノーマライゼーションの考え方が日本においても浸透しつつある反面、いまだに「福祉サービスは特別な人が受けるものである」という考え方が残っていることも事実である。戦後の社会福祉は施設収容主義をとってきたため、地域住民に「福祉サービスは特別な人が施設で受けるもの」という意識を生じさせたのである。その意識が色濃く残ったため生じる問題が、精神障害者や知的障害者がアパートを借りづらいことや、社会福祉施設・グループホームの建設に対する反対運動であろう。

いまや日本において、「障害者に対して偏見の目で見たり差別をすることは良くない」という“総論”に表だって反論する人は極めて少ないであろう。ただ、それが「自分の住む近所に精神障害者のグループホームを建設する」という、いわゆる“各論”レベルになると、反対を主張する人が出てくるのである。そのような意識を改善していくことが求められる。

入所型の社会福祉施設で生活してきた障害者の地域移行を考える際、介護・医療ケア体制の確立や地域住民の社会福祉意識の改善の他に、援助者にとって押さえておくべきポイントが3つ程度考えられる。

1つ目は、地域移行への動機の強さ・弱さを中心に地域生活移行の可能性を探ることである。これは、軽度障害者から先に移行し、重度障害者を後に移行するといった、障害の重さを中心に考えるべきではないということである。

2つ目は、長く入所型の社会福祉施設で生活してきた障害者に地域生活のイメージを持ってもらうことである。彼らにとっては入所型の社会福祉施設で生活することが当たり前となっていて、“地域での自立生活”というイメージを描きにくい傾向がある。入所型の社会福祉施設の中で作り上げてきた人間関係を大切にしたいという気持ちや、入所型の社会福祉施設だと安心して生活できるという気持ちが大きければ、地域での自立生活をためらうことになるだろう。実際に入所型の社会福祉施設から移行して地域生活をしている障害者の生活実態を見たり、実際に地域生活へ移行した障害者の話を聞く機会を設けて、地域での自立生活のイメージを持ってもらうことが重要となる。むろん、地域での自立生活へ強制的な移行を進めることは望ましいことではない。

３つ目は、グループホームなどの中間型小規模施設といった社会資源の整備である。“入所型の社会福祉施設での生活”と“地域での自立生活”というように二項対立的に捉えるのではなく、その中間型の施設も整備しておくことが望まれる。また、地域に生活移行した場合でも、いつでも入所型の社会福祉施設に戻れるしくみ・体制を確立しておくことも重要となるだろう。

【引用・参考文献】

飯野音一『地域福祉の原理と展開』（介護福祉ハンドブック）一橋出版、1996 年

大曽根寛・小澤温編『障害者福祉論』放送大学教育振興会、2005 年

大橋謙策編『社会福祉基礎〔改訂版〕』（高校生が学ぶ社会福祉シリーズ）中央法規出版、2001 年

大橋謙策「新しい社会福祉の考え方としての地域福祉」日本地域福祉学会編『地域福祉事典〔新版〕』中央法規出版、2006 年、pp.12-13

岡本民夫ほか編『エンサイクロペディア社会福祉学』中央法規出版、2007 年

沢田清方「在宅福祉サービス」小田兼三・京極高宣・桑原洋子・高山忠雄・

谷勝英編『現代福祉学レキシコン』雄山閣出版、1993 年、p.514
鈴木五郎「在宅福祉サービスの考え方」「新版・社会福祉学習双書」編集委員会編『地域福祉論〔改訂 2 版〕』全国社会福祉協議会、2003 年、pp.34 - 39
牧里毎治編『地域福祉論』放送大学教育振興会、2003 年
柊崎京子・畠山千春「身体障害のある施設利用者の生活ニーズ——主観的ニーズからみた分析と実践への示唆」『社会福祉学』第 52 巻第 2 号、2011 年、pp.121-135
山縣文治・岡田忠克編『よくわかる地域福祉〔第 4 版〕』ミネルヴァ書房、2006 年

第15章

諸外国における社会福祉

佐久間美智雄
田中　卓也

第1節 イギリス

1．社会福祉制度の概要

イギリスは、1950年代から1960年代にかけて、「揺り籠から墓場まで」保障するというベヴァリッジ報告書（1945年）を基にした福祉国家路線を歩むこととなった。1997年に就任したブレア首相は、1980～1990年代のサッチャー政権の自立・自助路線を継承しながら、社会的公正の観点で調整していく「第三の道」を提唱し、福祉国家の改革を推進していった。

イギリスでは、「バルネラブル（vulnerable）」という言葉が用いられ、精神などの障害や、年齢、疾病などの理由でコミュニティケアサービスを必要とする者の中で、自分自身のめんどうを見ることができない者、重大な侵害行為や搾取から自分自身を守ることのできない者に対して特別な保護をする政策がとられている。また、イギリス地域福祉の形成を見るとき、国家と個人の間に、個人や家族の生活を守るため対立を越えて連帯するものとして地域・コミュニティが常に存在することが分かる。

社会福祉制度は、①国民医療サービス（NHS：National Health Service）、②対人福祉サービス（Personal Social Services）、③社会保障（Social Security）の大きく３つから成る。NHSは福祉の柱となるもので、広範な医療行為を提供しており、全ての国民を対象にし、権利として基本的に無料の医療サービスが提供されている。対人福祉サービスは、高齢者、障害者等に対して多様な援助をし、基本的な生活水準を保障する目的で、税を財源として地方自治体において提供されている。

2．高齢者福祉

1993年以降、サッチャー政権の民間活力・市場競争原理に基づいた改革により、地方自治体がケアマネジメントを導入した。これは、サービス供給者を競争で選び、契約によってサービスを提供するしくみである。これによって福祉分野にも競争原理が導入され、従来の主流であった自治体直営のサービスが縮小され、民間サービスの参入が増えている。

老人ホームへの入所費用負担は、原則として自己負担である。自治体が補助する場合も審査の資産要件が厳しいことに批判が高まり、1999年に、高齢者介護問題王立委員会から対人福祉サービスの一律無料化が提言された。一般にイギリスでは「介護施設（Nursing Home）」の料金は、滞在費、個人ケア費用、看護費用に分類される。このうち、看護師による看護ケア費用は、在宅の場合NHSサービスの一環として無料で提供されるのに対し、介護施設では他のコストと同様に原則として自己負担となっていたが、2003年からNHSが施設での看護費用を負担することとなり、要介護度に応じてNHSから施設に支払われることになった。

3．障害者福祉

可能な限り自立した生活を地域で送れるようにすることを目的とするリハビリテーション理念の下、地方自治体が中心となって、NHS、教育機関、ボランティア団体等と連携しつつ、デイケア、ホームヘルプサービス、施設、給食、補助具の支給、住宅改造、職業訓練のサービスを提供している。

また障害者には、就労不能給付や障害者生活手当の現金給付がある。2000年に障害者権利擁護委員会が発足し、障害者差別を解決させるための啓発、苦情処理等の活動をしている。精神保健サービスについては、1999年にサービスの水準向上を目指したガイドラインが策定されて、一般家庭医を助ける精神保健スタッフの増員、青少年期の精神疾患が放置されないよう治療に結びつけるチームの設置、急性期患者の抱える「危機」に迅速対応し、無用の入院を回避するチームの整備、女性専用のデイセンターの整備等が盛り込まれている。精神ソーシャルワーカーの業務は、NHSの地域保健チームと一体的に行われるようになっている。

４．児童家庭福祉

イギリスの児童福祉・家族政策の中心課題は、全児童の約３分の１と言われる貧困の問題と、家庭責任を有する者の仕事との両立に対する支援になっている。緩やかな出生率の低下による将来の労働力不足については、EU（欧州連合）加盟国等からの移民、高齢者・女性の就労促進により対応するというのがイギリス政府の方針である。低所得者層に焦点を当てて就労を誘導しつつ、児童税額控除制度を導入するなどして貧困からの脱却を促している。家庭責任を有する者の仕事との両立に対する支援策として、出産休暇の充実、父性出産休暇の付与、家庭責任保護等の雇用法制と社会保障法制面の充実が図られている。

保育サービスについては、公立、営利企業、非営利団体、個人等の多様な主体が、保育所、遊戯グループ、保育ママ、ベビーシッター、学童保育、休日学童保育等のサービスを提供している。保育サービスは原則自己負担であるが、低所得者については、児童税額控除により保育料の一部が支給される。イギリス労働党は、2010年までに貧困児童を半減するという政策目標達成のため、「子ども信託基金」を2004年に創設した。

これまでの児童貧困対策によって非就業世帯の貧困児童は減少したが、働く者がいるもののその多くが低賃金のために貧困から脱け出せないワーキング・プアの状況にあるため、2009年には児童貧困法案（Child Poverty Bill）が発表された。

５．公的扶助制度

社会保障政策における現金給付は、拠出制給付（退職年金等）、非拠出制給付（児童手当、障害手当等）および所得関連給付（所得補助等）に分類され、このうち所得関連給付が公的扶助に相当する。具体的には、所得補助（Income Support）、所得関連求職者給付（Income-based Jobseekers

Allowance）等があり、高齢者、疾病や障害により就労できない者、家庭内介護や子どもの養育のため就労できない者が主な受給者となる。支給額は、申請者の年齢に応じた基本所要生計費に家族構成や障害の程度等に応じた加算を行って所要生計費が算出され、これから実際の収入（貯蓄がある場合はこれも勘案）を差し引いて算出される。また高齢者には、公的年金制度から年金を受けられない人のために、ペンションクレジット（Pension Credit）という高齢者のみが対象となる公的扶助もある。

第2節 アメリカ

1．ニューディール政策の実施と社会保障法の制定

アメリカでは1929年にニュヨークのウォール街における株の大暴落が引き金となった「世界恐慌」により、多くの失業者を生み出すことになり、国民生活に決定的な大打撃を与えることになった。フーヴァー大統領は、自助の精神を強調し、これまでの政策を継続した。

具体的な対応を考えなかったことで責任を追及されたフーヴァーは大統領を辞任し、後任にルーズベルトが就いた。ルーズベルトは「ニューディール政策」を公表し、公共事業による労働力の確保と連邦政府による救済事業にかかる補助金交付などの計画を明らかにした。以降、公共事業による失業者対策を推し進めていくことになった。1935年には、自助の精神を強調する反対派を押し切り、世界で最初の「社会保障法」を制定した。社会保障法では、2種類の社会保険制度、3種類の特別扶助、社会福祉サービスから内容が構成されていた。

2．貧困者の発見と新連邦主義の樹立

政府は、貧困者に対して積極的に社会サービスを提供していくことに

なったが、1960年代になり貧困の問題と人種差別問題が浮き彫りになってきた。またさまざまな統計調査を実施する中で、多くの貧困者が存在することを認識させられることになった。貧困との戦いを打ち出した政府は、一連の貧困政策を実施した。しかしながら、それは自助のサービスを前提としたものであり、貧困問題の根本解決には至らなかったため、貧困政策への批判や公民権運動を喚起することになった。

1960年代には公共福祉サービスが体系化されておらず、現金での給付や社会福祉サービスの分離が求められるようになってきた。1975年には所得保障とソーシャルサービスを分離した「社会保障法タイトルＸＸ」が制定された。これにより、地域社会で生活するための個別的サービスを提供するソーシャルサービスが確立することになった。

1980年代になると、レーガン大統領により「新連邦主義」が唱えられた。連邦が資本主義に介入することを許さず、すべての州に権限を委譲し、社会保障から私的な事業を重視する方向への転換が図られていった。

３．21世紀における社会福祉改革

1990年代より、「PACE」と呼ばれるアメリカ政府直轄の高齢者福祉プロジェクトが全土で行われるようになった。在宅ケアサービスが、介護の必要な高齢者に十分提供されておらず、ケアサービスそのものが別々に提供され、必ずしもニーズに合致したものになっていない、ということが背景にあった。このプロジェクトによって、高齢者の健康状態が続く限りにおいて、ナーシングホームへの入所、病院への入院ではなく在宅で日常生活が送れるようになることを目標に掲げ、デイケアセンターを中心とした医療・保健・福祉の包括的サービスが、在宅の高齢者に提供されるようになった。

PACEプロジェクトの費用負担については、メディケア、メディケイドからの定額支払い制を採用している。メディケアとは、65歳以上の高齢者や特定の障害者に対する連邦政府の医療保険制度である。また、メディケイドは医療費を支払うことのできない者のための医療扶助制度であり、アメリカの連邦政府と州政府によって運営がなされている。そのため、サービスの提供者と利用者の両者が効果的に使用できるようなしくみになっており、今後の動向が期待されている。

第3節　その他の諸国

1．スウェーデン

(1) 地域重視の取り組み

スウェーデンは、ノーマライゼーションの理念に基づいて、高齢者福祉や障害者福祉の先進国としてこれまで注目されてきた。しかしながら1970年代後半になると、自国の経済成長が低下する中で、高齢化の進展に伴う福祉財政の逼迫、国民の税金の高負担などの問題が噴出した。その後、数多くの議論を通じて、1982年に「社会サービス法」を施行した。これにより、コミューン（わが国の市町村に相当する地方自治体）の責任の下、社会福祉が推進されていくことになった。また制度に関わる組織体系として、「社会省」が法律や政策などについての準備や国の予算作成などを実施し、実際の行政事務については「社会保険庁」や「保健福祉庁」などの中央の行政庁が担当している。

(2) エーデル改革とLSSの成立

1992年に「エーデル改革」が行われた。それは、県が担当していた高齢者の医療の一部をコミューンの責任で実施することにより、地域における高齢者の生活支援のための医療・福祉サービスの統合を可能とした。エーデル改革により、高齢者ケアがコミューンの役割として一本化され、地域における医療・福祉サービスの活用や、地域性に応じたサービスの整備が、コミューンの責任の下で行われるようになった。在宅サービスの充実によって、社会的入院も減少することになった。

また障害の有無にかかわらず、可能な限り自宅での生活や一般の人々と同様の社会生活を可能にすることは、スウェーデンの基本的な社会福祉の考え方であり、社会サービス法にも規定されていた。この考えは、1994年のLSSの施行により、いっそう明確化された。LSSは、地域における障害者の自立生活の支援のために、日常生活での個人的な援助や介助は不可欠であり、これを公費によって保障するものであった。LSSにはガイドヘルプサービスやコンタクト・パーソンの制度も含まれており、障害者の地域における自立生活を根底から支えるものであった。スウェーデンでは、脱施設化やノーマライゼーションのいっそうの進展に伴い、障害者の社会参加や自立生活を支える取り組みが行われているのである。

(3) 社会福祉

現在、スウェーデンの社会福祉に関する動向としては、高齢社会の進展に伴う社会福祉の財政難が大きな背景として存在している。2006年の国民の平均寿命は、男性78.7歳、女性82.9歳と高く、乳幼児の死亡率も千人当たり2.8人であり、世界では高水準の健康状態を誇っている。しかし、若者の生活習慣病、肥満の増大、過剰なアルコール摂取の問題など高齢化に伴う疾病対策の必要性も十分にあるため、スウェーデン政府は現在、これらの問題に積極的に取り組んでいる。

しかしながら、このことは単なる財政の削減や福祉サービスの抑制ではなく、増大する国民の福祉へのニーズに対して、国民の財政負担を高めることなく、いかにサービスの質を保障しながら対応していくのか、という大きな問題を生み出している。例えば、医療従事者の問題が挙げられる。医療従事者については、現在では職種の専門分化が進んできている。看護師であれば、地域医療や小児科や外科、救急などの分野ごとに専門看護師資格が設けられている。しかし現状は、医療従事者が減少傾向にある。1995年には約35万人いたのが、2005年には31万人にまで減少しており、人材の量的育成や資質の向上が目指されている。

このように、限られた財政や社会資源の中で、現在援助を必要とする人々へのサービスを効率的・効果的に提供し、同時にその質を維持・向上させていくことがスウェーデンの今後の課題である。

2．ドイツ

(1) 社会福祉制度の概要

ドイツ国民の生活保障については、社会法典に基づいた社会的基本権（社会権）の獲得という形で位置づけられる。社会権は「社会給付制度」が具体化された形で行われるものである。社会給付の60％程度は社会保険で占められ、労働災害保険、失業保険、介護保険により構成されている。さらに、教育や雇用対策、医療福祉、公的な保健サービス、児童や青少年を対象とした福祉、社会扶助なども含まれている。とりわけ民間の福祉団体の役割が目立つ。すなわち国家が自ら関与するのではなく、民間の福祉団体が各行政区域レベルで連携をとりながら活動しているのである。自助による問題が解決できなければ、民間団体が福祉サービスを提供する。なおその費用については、行政から民間の福祉団体に支払われるしくみになっている。

(2) 社会保険と社会扶助

社会保険について見ると、年金保険は労働者年金の保険と職員年金の保険に大別され、被用者は強制加入させられる。2005年には、保険料は給与の19.5％に達し、労使で折半されている。医療保険については、労働者、年金受給者、学生などが対象の制度、農業者疾病保険、高額所得者・官吏らによる任意加入保険などがある。このような公的医療保険については、国民の90％程度が適用されている。給付は、傷病手当や出産手当金を除き現物給付で行われており、医療や医学リハビリテーション、在宅看護などの給付が存在する。

1994年には「公的介護保険」が成立し、翌年よりサービスを開始した。また、施設サービスを1996年より実施している。給付については、介護の必要な段階に応じて行われ、在宅の場合は現物での支給または現金での給付、ないしはその組み合わせなどにより支給される。施設介護は、宿泊費、食費については自己負担となるものの、介護費用については介護の段階に応じて給付がなされる。また、社会扶助対象の高齢者には、介護給付を補う社会扶助援助が行われる。

社会扶助については、生活扶助と特別扶助から構成されている。1961年に制定された「社会扶助法」はその後幾度となく改定を重ねた。同法では、高齢者福祉についてはほぼ総括されており、関連の法規については、民間福祉団体の重視や施設外の扶助の優先、ケースバイケースでの対応の実施について触れられている。さまざまな福祉対応策のほか、同法は外国人に対しての社会扶助も含んでいる。資格要件などさまざまな縛りはあるものの、国内に滞在する外国人にも疾病補助、妊産婦補助、介護補助などが実施される。

(3) 社会福祉改革の動向と課題

東西のドイツの統合やヨーロッパ連合の樹立などにより、ドイツ国内でも大きな変革が続くことになった。さらに失業率の増大、外国人の排斥、経済の低迷などの問題を抱えながら、ドイツは福祉の維持向上に、財政を確保しながら進もうとしている。公的介護保険、社会保障費についても乗り越えなければならない試練が続いている。質的向上の努力が続けられており、専門職制度の充実も図られてきている。受給状況については年々増加が続いており、2003年には204万人がその対象となっている。保険料が上昇することは必至であるが、企業側の負担の調整が求められている。

ドイツではここ数年の間に、さまざまな社会福祉改革が実施された。まず年金改革としては「人口構造の変化に応じた標準支給開始年齢の改定及び公的年金保険の財政基盤の強化に関する法律」（年金支給開始年齢等調整法）が2007年３月に成立している。また医療保険改革としては「公的医療保険における競争の強化に関する法律」（公的医療保険競争強化法）が同年２月に成立した。さらに「介護保険の構造的発展に関する法律」（介護発展法）が2008年２月に成立し、同年７月より施行されるに至っている。市民参加や合意形成のしくみが定着しているドイツでは、さらなる国民の参加意欲の向上を基盤に置きながら、対立路線から協調路線へと歩みを変えつつある。

３．フランス

(1) 社会福祉制度の概要

フランスには「アソシアシオン（L'association）」と呼ばれ、スポーツ・文化・家族・レクリエーションなど広範囲にわたって組織化された特有のシステムがある。1901年の非営利民間組織法に規定された。フランスの福祉分野はこのアソシアシオンで賄われている。

社会保護制度は、社会保障制度、公的扶助制度、社会連帯制度、社会福祉活動、雇用保障等で構成されている。社会保障制度は、疾病・労災保険、家族手当、老齢年金の３つの保険に分けられている。それぞれに対応する疾病保険金庫、家族手当金庫、老齢年金金庫があり、社会保険料の徴収と給付および関連社会福祉活動を行っている。金庫は全国金庫と地域金庫があり、行政からは独立した公共的な民間組織である。

(2) 高齢者福祉

1962年のラロック報告以降、高齢者の在宅維持が高齢者福祉の中心施策である。したがって所得保障と在宅福祉は充実してきたが、施設福祉も必要とされている。高齢期に就労をしないフランスでは、高齢者の所得の大きな部分は公的年金である。公的年金には拠出制年金の他、無拠出制の年金および国民連帯基金から出されるものもある。

無年金や低い年金の者には、無拠出の老齢ミニマムが支払われている。また、多くの高齢者が住宅手当を受給している。自宅居住者だけでなく、老人ホーム、高齢者住宅、長期ケア施設人居者にも適用される。在宅福祉の柱となるホームヘルプサービスは地域社会福祉センターに申請して利用する。

(3) 障害者福祉

1975年の障害者基本法制定によって障害者施策の総合化が図られ、障害のある人の社会参入を促進する環境の確保が目指されている。障害児への援助は、教育、医療保健および生活保障などの面から進められている。障害児もできるだけ地域で普通に教育され生活できることが奨励されているので、一般的な施設への需要は減少している。しかし、複雑なニーズや対応の難しいニーズを抱える障害児のための施設は増大している。成人障害者に対しては、障害者手帳の交付、成人障害者手当の支給、障害者入所施設整備、職業訓練および優先雇用などの施策が行われている。2003年のヨーロッパ障害者年を契機に推進されてきた障害者の社会統合と社会参入に関する案件が、2005年には「障害者の権利と機会の平等、参加、市民権に関する法律」として採択された。

(4) 児童家庭福祉

子どもへの公的扶助に加えて母子保健福祉と家族政策が、児童家庭福祉の主要な柱である。1945年に制度化された母子保健福祉は、妊産婦と6歳未満児を対象としている。妊産婦保護、健康手帳の交付、医療保健保障、保育施策、児童養護施設運営などの他、近年では児童虐待対策、障害児への施策、保育施策等にも精力的に取り組まれている。特に3歳以下の子どもを持つ家庭の半数以上は保育所を利用しており、集団保育所、家庭保育所、一時託児所、幼児園等多様な保育所が設置されている。

フランスの家族政策は国際的に評価される水準と内容を誇っており、特に年金、医療とともに家族手当が社会保険として重要な機能を果たしている。児童養育費の補助だけでなく乳幼児を保育する者への援助、孤立と経済的困窮を防ぐための単親への援助、養子手当や新学年手当などの特別援助等がある。10種類を越える家族手当には、所得制限のないものと所得制限付きの双方がある。合計特殊出生率が2006年に2.0という高水準を維持しているのは、手厚い家族手当をはじめとする総合的家族政策の成果であると言える。さまざまな家族給付や充実した育児休業制度により、仕事と家族生活を両立させる多くの選択肢が設けられている。

(5) 公的扶助

公的扶助は、主として4つの形態（金銭給付、在宅援助、施設援助、予防・教育・社会参入のための活動）で実施されている。「家族及び公的扶助に関する法律」に定められた権利であり、受給条件さえ満たせば必ず支給される。公的扶助の申請は、扶助を受けようとする者が地域社会福祉センター（CCAS）に申請する。審査委員会は調査のうえ、必要な期間だけ最小限の収入を保障することになっている。公的扶助には法定扶助と任意扶助があり、後者は県や市町村の独自の裁量で行うことができる。

財源は国・県の公費である。県管轄分としては、子どもへの公的扶助、高齢者への公的扶助、障害者への公的扶助、住居と社会再適応のための扶助がある。国管轄分としては、精神保健、障害者（職業訓練、保護労働）、ホームレス、住居と社会参入および参入最低所得（RMI）の手当部分がある。なお、介護に関する手当を公的扶助の枠組みに入れるかどうかはまだ流動的な状況にある。

4．韓　国

（1）社会福祉制度の概要

韓国の社会福祉制度は、1997年のIMF経済危機によって大きく変わった。1999年から2008年まで、韓国保健福祉部は「第１次・第２次社会保障長期発展５ヵ年計画」を打ち出し、韓国の社会構造にふさわしい福祉政策のあり方を模索し始めた。生産的福祉と参与福祉という政策は、その現れである。「第２次社会保障長期発展５ヵ年計画」（2004～2008年）の中で参与福祉という政策目標を明らかにした。この参与福祉は、生産的福祉政策の発展として、新たな社会リスクに対応するための戦略と思われる。参与福祉の中核は「参与福祉共同体の構築」である。参与福祉共同体には３つの要件が掲げられている。すなわち、①全国民への普遍的福祉サービスの提供、②相対的貧困の緩和、③豊かな生活の質の実現である。参与福祉は、グローバル化と情報化という要素を背景に広がってきた社会格差や少子高齢化および相対的な貧困という新しい社会リスクに向けて取り組まれた政策と思われる。具体的なアプローチとしては、ワークフェア（workfare）と積極的労働市場政策の推進、児童・家族政策や地域福祉サービスの重視などが挙げられる。

（2）高齢者福祉

韓国では2007年に「老人長期療養保険法」（介護保険法）が成立し、東アジア地域では日本に次いで介護保険制度を導入した。これまで高齢者の介護は家族によって行われてきたが、介護保険制度の導入により、国家と社会が責任を担うことになった。韓国の介護保険制度は、対象者を65歳以上の者と老人性疾患を持つ65歳未満の者に限定している。離島地域で療養施設がないなど、やむを得ず家族が療養を受け持つ場合には現金給付を認めているが、現物給付および在宅給付の給付上限方式の採択など、日本の介護保険制度と類似している。

(3) 障害者福祉

障害者福祉と最も直接的な関連性がある法律として、①障害者福祉法(1989年)、②特殊教育振興法(1977年)、③障害者・老人・妊産婦などの便宜増進補償に関する法律(1997年)、④障害者雇用促進および職業再活法(1990年)などがある。①は、障害者関連の法律の中でも最も根幹を成す法律である。②は、特殊教育を必要とする人に国家および地方自治体が適切で平等な教育の機会を提供することを定めたものである。③は、社会活動参加と福祉の増進に貢献するものである。④は、障害者の雇用促進および職業再活を図ることを目的とするものである。

(4) 児童福祉

韓国の少子化を統計的に原因分析すると、その要因は大きく分けて①経済的要因、②価値観要因、③社会的要因の3つが挙げられる。1997年のIMF 危機以降の韓国の社会概念の変化と雇用不安、学歴社会、そして女性の経済活動率の増加などが与える価値観の変化と、伝統的な儒教的思想の混在が、少子化を助長させる結果となっている。韓国は学校教育費の私的負担が世界一の高さであり、それも要因の一つと考えられる。

2005年に少子化対策・高齢社会に本格的に対応するための「低出産・高齢社会基本法」を制定し、政府は2006年から5カ年計画で「第1次低出産・高齢社会基本計画(セロマジプラン 2010)」を策定した。この中で少子化対策として挙げられている施策を見ると、①児童の成長過程に合わせた支援、②可妊期の女性および妊婦への支援、③働く女性の支援、④子どもの多い家庭支援、⑤養子および障害を持った子どもがいる家庭の支援、⑥子どもの数による支援内容、⑦仕事と家事を両立させるための主な政策、などであり、その効果が見られる。

(5) 公的扶助

旧生活保護法(1969年施行)は壮年健常者が受給できないなどの制限が

あったが、経済危機によって再検討を迫られた。市民団体の要求運動が果たした役割も大きかった。その結果、1999年には国民基礎生活保障法が制定され、①権利性の明確化、②年齢・労働能力基準の廃止、③所得評価額と資産の所得換算額の合算による認定、④市民団体との協力による自活支援事業などが実現した。

【参考文献】

一番ヶ瀬康子『社会福祉の歴史研究』(著作集第2巻) 労働旬報社、1994年

宇佐見耕一・小谷眞男・後藤玲子・原島博編著『世界の社会福祉年鑑』旬報社、2011年

岡沢憲芙『スウェーデンの挑戦』岩波書店、1991年

鬼崎信好編『社会福祉の理論と実際――新たな福祉社会の構築にむけて〔4訂版〕』中央法規出版、2006年

厚生労働統計協会編『国民の福祉の動向2010/2011』2010年

社会福祉法令研究会編『社会福祉法の解説』中央法規出版、2001年

仲村優一・一番ヶ瀬康子編著『世界の社会福祉/アジア』旬報社、1998年

仲村優一・一番ヶ瀬康子編著『世界の社会福祉/イギリス』旬報社、1999年

仲村優一・一番ヶ瀬康子編著『世界の社会福祉/フランス』旬報社、1999年

久塚純一・岡沢憲芙編『世界の福祉――その理念と具体化〔第2版〕』早稲田大学出版部、2004年

丸尾直美『スウェーデンの経済と福祉――現状と福祉国家の将来』中央経済社、1992年

山縣文治編『よくわかる社会福祉〔第9版〕』ミネルヴァ書房、2012年

【監修者紹介】

林 邦雄（はやし・くにお）
元静岡大学教育学部教授、元目白大学人文学部教授
［**主な著書**］『図解 子ども事典』（監修、一藝社、2004年）、『障がい児の育つこころ・育てるこころ』（一藝社、2006年）ほか多数

谷田貝 公昭（やたがい・まさあき）
目白大学名誉教授
［**主な著書**］『新・保育内容シリーズ［全6巻］』（監修、一藝社、2010年）、『子ども学講座［全5巻］』（監修、一藝社、2010年）ほか多数

【編著者紹介】

山﨑 順子（やまざき・じゅんこ）［第１章］
社会福祉法人 嬉泉（東京都発達障害者支援センター：TOSCA）理事
［**主な著書**］『地域で支える障害者の相談支援──事例をとおしてみるソーシャルワーク実践プロセス』（共編、中央法規出版、2006年）、『地域で支える障害者の就労支援──事例をとおしてみる職業生活支援のプロセス』（共編、中央法規出版、2009年）ほか多数

和田上 貴昭（わだがみ・たかあき）［第２章］
目白大学人間学部准教授
［**主な著書**］『改訂1版 保育実習』（共著、全国社会福祉協議会、2015年）、『新版 児童家庭福祉論』〈保育者養成シリーズ〉（共編著、一藝社、2015年）ほか多数

【執筆者紹介】

（五十音順、［　］内は担当章）

伊藤 陽一（いとう・よういち）［第９章］
東京都市大学人間科学部専任講師

稲葉 光彦（いなば・みつひこ）［第11章］
常葉大学保育学部教授

今井 慶宗（いまい・よしむね）［第３章第1･3節］
関西女子短期大学講師

上岡 義典（うえおか・よしのり）［第13章］
徳島大学大学院総合科学研究部教授

佐久間 美智雄（さくま・みちお）［第15章第１節・第３節3･4］
東北文教大学短期大学部准教授

田中 卓也（たなか・たくや）［第15章第２節・第３節1･2］
共栄大学教育学部准教授

隣谷 正範（となりや・まさのり）［第５章］
飯田女子短期大学准教授

松井 圭三（まつい・けいぞう）［第３章第２節］
中国短期大学教授

三ッ石 行宏（みついし・ゆきひろ）［第14章］
高知大学教育学部講師

宮沢 和志（みやざわ・かずし）［第10章］
金城学院大学人間科学部非常勤講師

村上 満（むらかみ・みつる）［第８章］
富山国際大学子ども育成学部教授

矢野 正（やの・ただし）［第12章］
名古屋経済大学大学院教授

山田 昇（やまだ・のぼる）［第４章］
佐野短期大学教授

山田 亮一（やまだ・りょういち）［第６章］
高田短期大学教授

吉田 仁美（よしだ・ひとみ）［第７章］
岩手県立大学社会福祉学部専任講師

保育者養成シリーズ
新版 社会福祉

2017年1月30日　初版第1刷発行

監修者　林 邦雄・谷田貝 公昭
編著者　山﨑順子・和田上貴昭
発行者　菊池 公男

発行所　株式会社 一藝社
〒160-0014　東京都新宿区内藤町1-6
Tel. 03-5312-8890　Fax. 03-5312-8895
E-mail : info@ichigeisha.co.jp
HP : http://www.ichigeisha.co.jp
振替　東京 00180-5-350802
印刷・製本　シナノ書籍印刷株式会社

ISBN 978-4-86359-116-5 C3037